WEEKLY
THU
FRI
SAT
SUN
NAME
ADDRESS
E-MAIL
TEACHER
HOMEROOM
MONTHLY PLAN
1 2 3 4 5 6 7
8 9 10 11 12 13 14
15 16 17 18 19 20 21
22 23 24 25 26 27 28
29 30 31
Assessment
Excellent
Good
Average
Poor

MARRIAGE SCORE NOTE

結婚は「だから、好き」より「だけど、好き」。

by DJあおい

はじめに

私は主にブログで活動しているのですが、そこに毎日１００通くらいのメールを頂いています。ほとんどが女性からなのですが、婚活が上手くいかない、結婚生活が上手くいかない、どう頑張ったら幸せになれるのか――そういった相談がたくさん来ます。

仕事を頑張り、自分磨きを怠らず、ＳＮＳで充実した日々を綴り、婚活アプリでの出会いを繰り返す……幸福な未来を求めて何ごとも頑張りすぎてしまう女性たち。すごいエネルギーだと尊敬しつつも、相談内容を読んでいると、どうやら外見ばかり気にして美容武装をしすぎたり、相手に尽くしすぎたり、理想を求めすぎたり……婚活の勘所を間違えているようにも思えます。

そんな頑張り屋さんの女性の悩みが、クイズ形式で少しでも楽しく解決するといいな、と思い、雑誌「ＧＩＮＧＥＲ」さんで「ＤＪあおいの結婚偏差値ノート」という連載を始めて約3年となります。この本は、今までの問題を1冊にまとめたものです。

さてさて、私は、普段は自分の部屋で仕事をしています。

パソコンと向き合い、原稿の締切に怯《おび》えながら、頭を抱え悪戦苦闘するのが主なお仕事です。

一通り仕事が終わると、デスクの隣にある三人掛けのソファに寝転び、読みかけの本を読むのがルーティン（※だいたい少年漫画）。すると30分もしないうちに脳みそが思考停止、瞼が勝手に視界の幕を下ろし始め、いつもソファで睡魔に襲われるのです。

「ソファで寝ちゃいけません！」と幼い頃からおかんに躾《しつ》けられたこともあり、眠い目をこすりヨタヨタと歩いて、数メートル先にあるベッドに移動。お布団にダイブしてやっと心置きなく睡魔に身を任せることができる、と思いきや、なぜかお布団では眠くならない。ついさっきまであわやご臨終かと思うほどの睡魔に襲われていたのに、右に寝返っても、左に寝返っても全く睡魔さんがお迎えに来てくれないのです。

ソファからベッドまでのわずか数メートルの歩行運動で、もしかしたら脳が覚醒してしまうのかもしれないと推察した私は、次の日からソファを経由せずダイレクトにベッドインすることにしました。読みかけの本を開き、1時間が経過、2時間が経過。

「おかしい、いつもなら30分程度で眠くなるのに全く睡魔が襲ってこない、これはソファからベッドへの移動に問題があるんじゃない、寝床の相性の問題なんだ」と名探偵ばりに推測した私は、次の日からソファで眠くなったらそのままソファで寝てやろうと決意したのでした。

そして次の日、そのまま寝られるように薄手のタオルケットを1枚用意して、いつものようにソファに寝転び本を読み始めました。

「これならシチュエーションはいつもと同じ、眠くならないわけがない」と確信した私。しかし、無情にも1時間が経過、2時間が経過、睡魔さんは今日も迎えに来てくれない。

「バカな、いつもと同じシチュエーションなのになぜなんだ」と思った瞬間、ある閃《ひらめ》きが稲妻のように脳天を直撃しました。

「そうか、寝ちゃダメだという場所で眠くなるんだ、ダメだと言われることをやりたくなってしまう背徳の心理、これは不倫と同じ心理なんだ」

突然に、不倫をする人の気持ちがわかってしまったある夜の出来事でした。

——もちろん戯言《ざれごと》です。さて、この本では今のあなたの結婚偏差値を知るために、69の問題があります。問題を解いていくうちに、婚活中の方は結婚に向けての心の準備ができるように、結婚している方は今より良い夫婦関係を築くことができるように、ソファの上から願っています。

それでは、婚活&夫婦円満トレーニングの開始です！　結婚偏差値を上げていきましょう。

002 はじめに

LESSON 01

簡単・初級編

012 問題01 「嫉妬や束縛」と掛けまして、「ABCDEFGHJKLMNOP〜」と解きます。さて、その心は？

014 問題02 ○に当てはまる適切な言葉を入れて、文章を完成させてください。「悪い男に騙されがちな女性は、男の○○○に騙されている」

016 問題03 ○に当てはまる言葉を入れて、正しい文章にしてください。「結婚に最も向いていない人とは、○○をしたい人である」

018 問題04 夫婦や恋人が別れてしまう原因、それは、一体なんでしょうか？

020 問題05 ○に当てはまる文字を入れて、正しい文章にしてください。「女は○○に同調して、男は○○に同調する」

022 問題06 男女が長く付き合っていくためには、言葉での愛情表現は必要か？

024 問題07 ○に当てはまる8文字を入れて、正しい文章にしてください。「夫婦円満の究極の秘訣は、○○○○○○○○である」

026 問題08 ○に当てはまる8文字を入れて、正しい文章にしてください。「愛情は信じるものではなく、○○○○○○○○もの」

問題09　「残業続きの旦那さん」と掛けまして、「新婚ほやほやの奥さん」と解きます。さて、その心は？　028

問題10　○に当てはまる言葉を入れて、正しい文章にしてください。「外見は、○○○○でＯＫ」　030

問題11　○に当てはまる文字を入れて、正しい文章にしてください。「努力でどうにもならない相性とは、○○○の相性である」　032

問題12　○に当てはまる6文字を入れて、正しい文章にしてください。「浮気の抑止力になる力は、○○○○○○という力である」　034

問題13　結婚をするのなら、同じ趣味を持つ人がいいでしょうか？「○」か「×」でお答えください。　036

問題14　社交的な人にあって、人見知りの人に足りない三つの力とは？ ひとつは「観察力」、ひとつは「コミュニケーション能力」、そしてもうひとつは、「なに力」でしょうか？　038

問題15　結婚相手に求める「さ・し・す・せ・そ」とは？ ○に言葉を入れて、文章を完成させてください。　040

問題16　○に当てはまる文字を入れて、正しい文章にしてください。「女のモテ期は○○なときに到来する」　044

問題17　○に当てはまる文字を入れて、正しい文章にしてください。色気のない女性の三つの特徴　046

問題18　○に当てはまる文字を入れて、正しい文章にしてください。「だから、好き」より、「○○○、好き」が、長く愛せる秘訣。　048

問題19　「変化のない関係」と掛けまして、「夏休みの終わり」と解きます。さて、その心は？　050

問題20　○に当てはまる言葉を入れて、正しい文章にしてください。「男に結婚を意識させるためには、○○の話をしろ」　052

054 問題21 ○に当てはまる文字を入れて、文章を完成させてください。4大「コミュニケーションに邪魔なもの」。

056 問題22 ○に当てはまる言葉を入れて、正しい文章にしてください。「その人の人間性を知りたければ、その人の○○を見よ」

058 問題23 ○に当てはまる文字を入れて、正しい文章にしてください。「重い女の地獄のループ」

060 問題24 ○に当てはまる文字を入れて、正しい文章にしてください。「男性は女性に、それほど○○は求めていない」

062 問題25 ○に当てはまる言葉を入れて、正しい文章にしてください。「些細なことでイライラする女性は、○○○が強い女性である」

064 問題26 「生ビール」と掛けまして、「恋人との休日」と解きます。さて、その心は一体なんでしょうか？

066 問題27 ○に当てはまる文字を入れて、正しい文章にしてください。「初デートでは、必ず○○しろ」

068 問題28 ○に当てはまる文字を入れて、正しい文章にしてください。「○○が足りないだけで、愛情表現はすれ違う」

070 問題29 ○に当てはまる言葉を入れて、正しい文章にしてください。「結婚は○○○レスになったらもうおしまい」

072 問題30 ○に当てはまる言葉を入れて、正しい文章にしてください。「愛情表現は、○○○○○から学べ」

074 問題31 ダメな女の「あ・い・う・え・お」。「お」の○には何が入るでしょう。

問題32 「信用できないから◯◯するのではなく、◯◯するから信用できなくなってしまう」 076
◯に文字を入れて、文章を完成させてください。

問題33 「いなくなって初めて気付くのが良い◯◯◯、一緒にいて感じるのは悪い◯◯◯」 078
◯に当てはまる文字を入れて、正しい文章にしてください。

問題34 「結婚すれば、◯◯が倍になる」 080
◯に当てはまる文字を入れて、正しい文章にしてください。

問題35 「夫婦円満の秘訣は、◯◯にできることは◯◯にすること」 082
◯に当てはまる文字を入れて、正しい文章にしてください。

問題36 婚活で捨てるべき三つのもの。 084
ひとつは「私生活を侵食する仕事」、ひとつは「不要な女友達」、そしてもうひとつは一体なんでしょうか？

問題37 結婚をするのなら、これだけは一致していなければヤバい価値観。それは、「共有する◯に対する価値観」。 086
◯に当てはまる文字を入れて、正しい文章にしてください。

LESSON 02

普通・中級編

問題38 「疎遠な友人」と掛けまして、「草食系男子」と解きます。さて、その心はなんでしょうか？ 090

問題39 「呪いのビデオ」と掛けまして、「リモートワーク中の夫」と解きます。その心は一体なんでしょうか？ 092

問題40 「アラサーの独身女性」と掛けまして、「駆け込んだ公衆トイレ」と解きます。さて、その心は？ 094

LESSON 03

難関・上級編

096 問題41 ○に言葉を当てはめて、ダメ男俳句を完成させてください。「何がいい？・」答えはいつも「○○○○○」

098 問題42 ○に当てはまる言葉を入れて、正しい文章にしてください。その人の本音は、○○○に出る。

100 問題43 「大嫌いな人」と掛けまして、「大好きな人」と解きます。その心は、一体なんでしょうか？

102 問題44 ○に当てはまる文字を入れて、正しい文章にしてください。「その人のセックスは、その人の○○を見ればわかる」

104 問題45 ○に文字を入れて、正しい文章を完成させてください。男に愛されているかどうかを確認する方法。それは、その男と○○○をすることです。

106 問題46 「正しい思いやり」と掛けまして、「今日からTwitterを始める人」と解きます。さて、その心は？

108 問題47 ダメな男の「は・ひ・ふ・へ・ほ」。「ほ」の○には何が入るでしょう。

112 問題48 「結婚してから老けてしまった女性」と掛けまして、「冬場の消防士」と解きます。さて、その心は？

114 問題49 「美人でもブスでもない普通の女」と掛けまして、「365日、年中夏休み」と解きます。さて、その心は？

116 問題50 白、黒、グレー。誠実な男の順番に並べてください。潔白な人は白、浮気をした人が黒、どちらとも取れない人はグレー。

問題51 「仲の良い夫婦」と掛けまして、「美味しい肉じゃがを作る秘訣」と解きます。さて、その心は？ 120

問題52 結婚をするのなら、恋人にはなれても、○○になれない人はやめておけ。
○に当てはまる言葉を入れて、正しい文章にしてください。 122

問題53 「いい女の特徴」と掛けまして、「視力2・0のアキラくん」と解きます。さて、その心は？ 124

問題54 「自由を好み、一人を愛する、○○女子が、男性に好まれる」
○に当てはまる2文字を入れて、正しい文章にしてください。 126

問題55 「男が最も嫌う女の性質は、○○がしつこいことである」
○に当てはまる言葉を入れて、文章を完成させてください。 128

問題56 「いい男とは、若い女性にモテる男ではなく、○○の○○○○○に可愛がってもらえる男である」
○に当てはまる言葉を入れて、正しい文章にしてください。 130

問題57 「男性が結婚相手に選ぶのは、○○○○○○○○○○系女子である」
○に当てはまる文字を入れて、正しい文章にしてください。 132

問題58 より幸せな結婚生活を続けていくための問題。
「YES」か「NO」で答えるとしたら、あなたはどうしますか？ 134

問題59 浮気する男の「ま・み・む・め・も」。○に当てはまる文字はなに？ 136

問題60　○に当てはまる言葉を入れて、文章を完成させてください。「○○○女は惚れやすく、○○○○男は冷めやすい」　138
問題61　ダメ女短歌です。○に文字を入れて、完成させてください。ダメ女　仕事も恋も　結婚も　できない理由は　○○○のせい　140
問題62　○に当てはまる言葉を入れて、正しい文章にしてください。「人の悩みは大きく分けて三つ、○○と○○と○○○○である」　142
問題63　ダメ男短歌です。○に文字を入れて、完成させてください。ダメ男　何をやっても　両立できず　恋も仕事も　○○○○○○○　144
問題64　○に当てはまる文字を入れて、正しい文章にしてください。恋愛や結婚で必要のない三つの努力。　146
問題65　○と△に当てはまる文字を入れて、正しい文章にしてください。「○○と△△を分けて考える人は、○○も△△も上手くいかない」　148
問題66　○に当てはまる文字を入れて、正しい文章にしてください。「結婚するのなら、好きな人より、ゆ○○る人」　150
問題67　○に当てはまる文字を入れて、正しい文章にしてください。「浮気をしているか否かは、○でわかる」　152
問題68　○に当てはまる言葉を入れて、正しい文章にしてください。「○○のいい女は、恋愛や結婚には向かない」　154
問題69　「浮気願望」－「○○○」＝浮気度　156
おわりに　158

装丁／藤崎キョーコ　イラスト（帯）／つぼゆり

本書は、「GINGER」および「GINGERweb」の連載「DJあおいの結婚偏差値ノート」を加筆・修正し、まとめたものです。

LESSON 01

簡単・初級編

結婚偏差値

50-59

結婚偏差値 50

問題01

「嫉妬や束縛」と掛けまして、「ABCDEFGHJKLMNOP〜」と解きます。さて、その心は？

正解はどちらも「アイ（愛／I）が足りないでしょう」でした。好きだから嫉妬をしてしまう、好きだから束縛をしてしまう、という人が多いのですが、それは自分に都合よく解釈しているだけ。**正確には好きだから嫉妬や束縛をしてしまうのではなく、好きになってほしいから嫉妬や束縛をしてしまうだけ**なんです。好きだという気持ちは愛情なのかもしれませんが、好きになってほしいという気持ちは私利私欲でしかありません。

欲求は愛情の対極にあるもので、その性質は正反対。欲求が生産地になっている嫉妬や束縛は愛情とは真逆にあるものなんですよ。もちろん恋愛は綺麗事ではありませんので、好きだという愛情もあれば好きになってほしいという欲求もあります。その二つの気持ちを天秤に掛けてどちらに傾くのかが問題。愛情に傾けばポジティブな感情になりますが、欲求に傾けばネガティブな感情になってしまう。恋愛をする度にネガティブになってしまう人も多いですが、そういう人ほど嫉妬深くパートナーを束縛するものなんです。

愛情とはその人を守るための思いやりに溢れている気持ち、欲求とはその人を傷付け支配し、凶器になってしまう気持ち。その二つの正反対な性質を持った気持ちが混在しているのが恋愛感情というもので、それは取り扱いを間違えればお互いを傷付けてしまうだけの危うい気持ちだということをよく心得ておきましょう。好きだからといってその人に嫉妬して、好きだからといってその人を束縛して、好きだからという気持ちを大義名分にしてその人を傷付けるのはやめましょう。傷付けたくないから「好きな人」なんですよ。

嫉妬心や束縛したい気持ちが生じたとき、必ずといっていいほど罪悪感が生じると思います。その罪悪感の正体が「この人を自分の欲求で傷付けたくない」という愛情なんですよ。その罪悪感から逃れるために「好きだから」という身勝手な理由をくっつけて免罪符にしてしまうと欲求が暴走して破滅にまっしぐらになってしまうんです。

それでは最後にもうひとつ謎掛けを。「好きだから」という理由で嫉妬や束縛に暴走してしまう女と掛けまして、廃墟になったホテルと解きます。

その心は「もう誰も止（泊）められない」ってね。

結婚偏差値
50

問題02 ○に当てはまる適切な言葉を入れて、文章を完成させてください。

「悪い男に騙されがちな女性は、男の○○○○に騙されている」

正解は「ギャップ」でした！

恋愛においてギャップは大事なアクセントになるものです。その人が普段見せない一面が見えることによって親近感が湧くものなのですが、悪い男に騙されがちな女性ってそのギャップを少し履き違えているんですよね。

例えば、たまに見せる優しい一面が好きだったり、たまに見せる男らしい一面が好きだったり、このようなプラスに作用するギャップはダメな方のギャップなんですよ。

優しさがギャップになるということは、普段は優しくはないということであり、男らしさがギャップになるということは、普段は男らしくはないということになるわけですが、**悪い男に騙されがちな女性って、ギャップの部分がその人の本性だと思ってしまうんですよね。**

普段はどんなにモラハラ野郎でも、たまに見せる優しさがその人の本性だと思い、騙されてしまうわけです。普段はどんなにだらしない男でも、たまに見せる男らしさがその人の本性だと思い、騙されてしまうわけです。

しかし人のギャップの部分というのは本性ではなくただの気まぐれである場合が多く、気まぐれな部分を信じてしまい、まんまと騙されてしまうわけです。**ギャップの部分とは、その人の欠点でなければなりません。**普段は優しい人がたまに言うワガママだったり、普段は頼り甲斐のある人がたまに漏らす弱音だったり、そういうマイナスに作用するギャップに萌える感性を大事にしてください。

人の本性なんてなんだかんだで見たまんま、普段から本性を出して生きているものです。

優しい人は普段から優しいんです。頼り甲斐のある人は普段から頼り甲斐があるんです。信じるのは普段の姿でありギャップの部分ではありません。その人の普段を好きになり、その人のギャップを許す（愛する）ということ。

スイカに塩のアクセントを加えるから甘みが引き立つんですよ。塩の山にスイカをちりばめてもしょっぺーものはしょっぺーということです。ギャップの部分を履き違えて大怪我をしないように。その人の基本スペックをしっかりと見てください。

結婚偏差値 50

問題03

○に当てはまる言葉を入れて、正しい文章にしてください。

「結婚に最も向いていない人とは、○○をしたい人である」

正解は「恋愛」でした。多くの既婚者が言っていることなのですが、**結婚をしてよかったなと思うことって「もう恋愛をしなくていい」ということ**なんですよね。

若い人はとくに恋愛至上主義だったりするのですが、恋愛って入り口に過ぎないもので、それは消耗品であり必ず終わりのあるものなんです。一生恋愛をしたいのなら同じ相手では無理なものでして、恋愛至上主義である以上、相手を取っ替え引っ替えしなければならないということ。

「恋愛がしたい！」と思っているラブホリック（恋愛依存）気味な人は最も結婚には向かない人なんですよ。ラブホリックのまま結婚をしても、いずれエモーショナルな恋愛感情はなくなってしまいます。そうなると一種の禁断症状みたいなもので、他の恋愛対象が欲しくなってしまうんですよね。

そして恋愛対象となる相手が見つかれば不倫、見つからなければ配偶者とはすっかり冷めた関係となり倦怠期となります。どちらにしても地獄のような結婚生活になってしまうということです。

よく「異性としてときめかなくなってしまった、家族のようになってしまって辛い」と悩んでしまう人がいるのですが、**恋愛は家族愛の入り口であり、家族のようになるのはある意味正しいルート**なんですよね。聡明な人は家族になりたくて結婚するのであって、恋愛の向こう側を視野に入れて結婚を決意するんです。

「恋愛」も「家族愛」も愛は愛なのですが、序列でいったら家族愛の方が上。恋愛よりも深い結びつきがあるのが家族愛であり、その愛情の質は恋愛とは違って普遍的なものなんです。恋愛で生涯愛することはできませんが、家族愛まで昇華すれば生涯愛することができるわけですね。恋愛は他人と家族になるためのプロセスでしかありません。

「この人とずっと恋愛したいな」と思うのなら結婚はやめておいた方がいいです。**「この人と家族になりたいな」と思える人と結婚をしてください。**

結婚偏差値
50

問題04
夫婦や恋人が別れてしまう原因、それは、一体なんでしょうか？

正解は「価値観の違い」でした。夫婦喧嘩は犬も食わない、なんて言ったりしますが、喧嘩の内容を聞いていると、どちらもそんなに間違ったことは言っていないんですよね。間違ったことを言っていないのに、お互いがお互いの話を聞いていないんです。

では一体、彼ら彼女らは**何に対して腹を立てているのかといえば、言い方や聞き方等の相手の「態度」**なんですよ。相手の主張に腹を立てているわけではなく、声を荒らげたり、不《ふ》貞《て》腐《くさ》れたり、嘲笑ったり、その態度に腹を立てているだけなんですね。

お互いが正しいことを言っているつもりでも、お互いの態度が間違っていれば、話は聞き入れてもらえなくなってしまうということです。コミュニケーションの入り口って言語ではなく態度なんですよ。

「何を言っているのか」よりも「どんな態度で言っているのか」というところがコミュニケーションの関所、その関所で止められるような態度だと、何を言っても聞き入れてもらえなくなるというわけです。

逆に言えば態度さえ良ければ、人はどんな意見でも聞く耳を持ってくれるものなんですよ。

喧嘩が絶えない夫婦、または喧嘩が絶えない恋人たちがよく言うセリフに「価値観が合わない」というのがあるのですが、**喧嘩って話し合いにすらなっていないものなので、価値観が合う合わない以前の問題**なんですよね。少なくとも話し合いをしなければ、相手の価値観もわからないし自分の価値観も伝わらないんです。そもそも価値観って結構柔軟性のあるもので、ちゃんと話し合えばそんなに許せないことってないんですよね。

それでも話し合いの末に「価値観が合わない」という結論になってしまうこともありますが、それは話し合って出した結論なので派手な喧嘩になることもなく、ちゃんとお互いが納得できるものなんですよ。価値観が云々と文句を言う前に、一度自らの態度を改めてみてはいかがでしょうか。

結婚偏差値

50

問題05

○に当てはまる文字を入れて、正しい文章にしてください。

「女は○○に同調して、男は○○に同調する」

正解は「女は不幸に同調して、男は幸福に同調する」でした。

女の友情って厚いのか薄いのかよくわからないんですよね。

例えば、友達が彼氏と別れたり、離婚をしたり、不幸な目に遭ったときなんかは、よく女同士で集まって慰め合ったりしますよね。

そのときの、女性の不幸への同調率ってハンパなくて、中にはシンクロ率99・9パーセントのスリーナインで友達の不幸に同調してしまう女性もいて、**誰が不幸の主人公なのかわからないくらいに一体となって慰め合い、そこに女の厚い友情を感じたりする**のですが、友達に彼氏ができたり、結婚をしたり、その人が幸福になったときなんかは、その持ち前の同調力が発揮されなかったりするんですよ。

それどころか友達の幸せに嫉妬をしたり、「どうせ私なんか……」と謎のネガティブを発症したり、ついにはその友達と疎遠になってしまうことも珍しくないんですよね。対して、男性の友情って女性の友情とは相反して、友達が彼女と別れたり、離婚をしたり、不幸な目に遭ってもあまり同調はしないんですよね。しんみりと湿度が高めの慰め合いはあまり好まないようで、どちらかと言えば友達を一人にしてあげようと努めたり、カラッと「元気出せよ！」と肩をポンと叩いたりするくらいでしょうか。あまり友達の不幸にシンクロすることなく、あえてドライな対応をするのが男の友情みたいなところがあります。

でも友達に彼女ができたり、結婚をしたり、その人が幸福を掴んだときなんかは異様なくらい同調したりするんですよね。まるで自分に彼女ができたように、まるで自分が結婚をしたかのように飲めや歌えの大騒ぎ、誰が幸せの主人公なのかもわからないくらいに一体となり、友達の幸せにシンクロして祝うのも男の友情の特徴だったりするんです。

女は不幸に同調して、男は幸福に同調する、だから女は幸せを隠したがり、だから男は不幸を隠したがる。男と女の違いなのかもしれませんね。

結婚偏差値 50

問題06

男女が長く付き合っていくためには、言葉での愛情表現は必要か？

正解は「そうでもない」でした。長続きするカップルは言葉での愛情表現をしている、仲の良い夫婦も言葉での愛情表現をしている、愛情は言葉で伝えることが大切、言葉がなければ愛情は伝わらない……なんてよく言いますが、それって本当ですかね？

私の周りを観察してみるとそうでもなさそうです。むしろ愛情表現の言葉を多用する恋愛熱量の高い人たちの方が長続きしていない印象があります。私も既婚者ですが、「好き」だの「愛している」だの、あまり聞いたことはありませんし、言った記憶もあまりありません。もし「好き」なんて剛速球を投げられたら爆笑してしまうかもしれないし、「愛している」なんて言われた日には「幾ら貸してほしいの？」と勘ぐってしまうかもしれません。冷え切った関係と思われるかもしれませんが、ちゃんと愛情は感じていますし、愛情を注いでいる自負もあるんです。

明治初期くらいまでは「愛している」という表現はまだなかったようで、「アイラブユー」は「大切に思っている」と訳されたそうです。有名なところだと、夏目漱石は「月が綺麗ですね」、二葉亭四迷は「死んでもいい」と表現したそう。なんだかストレートに「愛している」と言われるよりもグッとくるのは気のせいでしょうか？

「愛している」という言葉を使わずに「愛している」という気持ちを表現した方が、なんだかその人っぽくなるような気がしてなりません。そのままズバリ言われても他所《よそ》から借りてきたような言葉に感じてちょっと嘘っぽいし、それと同時にそのままズバリ言うのもなんだか自分の言葉じゃないようで抵抗があるんですよ。だから「好き」とか「愛している」という言葉は安易に使わないんです。

では一体どんな愛情表現をしているんだろう？　と考えると、もう会話のすべてが愛情表現みたいなもので、言い争いでもふざけ合いでも、結局どんな言葉を交わしてもそれを訳せば「愛しています」になるんですよ。**愛情表現は会話そのもの、話をしたい人が愛したい人**ですからね。甘いトークだけが愛情表現ではないということ。**愛情を伝えたければ簡単な一言よりもたくさん話をした方がいいのかもしれませんね。**

結婚偏差値 50

問題07 ○に当てはまる8文字を入れて、正しい文章にしてください。

「夫婦円満の究極の秘訣は、○○○○○○○○である」

正解は「無理をしないこと」でした。スキンシップを大事にする、お互いの価値観を尊重する、干渉しすぎない、食事は必ず一緒に食べる、感謝をする、会話をする、などなど……。「夫婦円満の秘《ひ》訣《けつ》」と検索するとズラズラと名回答が出てくるわけですが、どれもイマイチ納得できないんですよね。なるほどな、と思うことも多々あるのですが、なんか腑に落ちないというか、「これだ！」という回答に巡り合えたことがないんです。

そもそも夫婦円満って、狙ってやっている人っているのでしょうか？　「よし！　俺たちは夫婦円満になるんだ！」と心血注いで努力を重ね、計画的にそうなった夫婦っているのでしょうか？　夫婦円満って目的ではなくて、結果的にそうなっただけのような気がしてなりません。夫婦円満になるためにスキンシップをするわけでもなく、お互いの価値観を尊重するわけでもなく、ただそうしたかったからしただけで、べつに夫婦円満を目的に頑張ってきたわけではないんですよ。イヤなときはスキンシップも拒否するし、ムカついたら話もしないときもあるし、「夫婦円満の秘訣」から逸脱してしまうこともわりとあって、それでも夫婦仲が悪くならないのは、お互いに「無理をしないから」だと思うんです。**「夫婦円満になるため」という目的があったら少なからず努力をしてしまう**じゃないですか、気が乗らなくても努力してスキンシップを取ったり、ムカついてるのに努力して話をしたりして、**そうやって努力がフラストレーションを溜めてしまうじゃないですか、それって夫婦円満の観点から見たらマイナスに作用していると思う**んです。

無理をすると相手にも無理を強いてしまうじゃないですか、努力をしてしまうと相手にも努力を強いてしまうじゃないですか、それってどんどん許し合う（愛し合う）ことができない関係になってしまっているわけで、かえって逆効果だと思うんですよね。

自分もワガママだから相手のワガママも許せるし、自分もポンコツだから相手のポンコツも許せる、お互いに無理をしないことによって、お互いに許し合う（愛し合う）関係になれるんじゃないかと思うのです。

夫婦円満は無理をしない結果であり、目的にするものではないということですね。

結婚偏差値

50

問題08

○に当てはまる8文字を入れて、正しい文章にしてください。

「愛情は信じるものではなく、○○○○○○○○もの」

正解は「疑ってはいけない」ものでした。私は「この人は私のことが本当に好きなのだろうか」なんて、あまり気にしたことはないんですよね。「どうすれば気にしなくなるんですか？」と尋ねられることもあるけれど、そもそも何か特別なことを心掛けているわけでもなく、ただただ素で気にしていないだけなんです。

あえて言うのなら、そんなことを気にしても答えがないのはわかっているからでしょうか。どんなに気に病んでもその答えなんてわからないし、「私のこと好き？」と尋ねてもその答えを信用できるとは限らないし、**エスパーでもない限り人の本心なんてわからない。**だから、考えても無駄なのかなと疑問を切り捨てて、いちいち疑うのをやめたという感じです。

イヤなら別れを切り出してくるだろうし、好きかどうかは知らないけれど、一緒にいるということは最低限イヤではないんだろうな、**愛されているかどうかはイマイチわからないけど、最低限自分の愛情は受け取ってくれる。それで満足できるようになると、恋愛も結婚も上手くいくようになる**気がします。

「自分は本当に愛されているのか」を過剰に気にする人は、愛情を確認するために「試し行為」をしてしまうんです。意味もなく不機嫌な態度で接したり、理由もなく突然ＬＩＮＥ等の連絡を無視したり、相手に否定的な発言をしたり、何かある度にすぐ「別れる」と言ってみたり、**試し行為をする人は「いかに相手を傷付け困らせるか」を無意識でやってしまう**んです。**そしてそれらの行為が許されることによって「愛されている」という実感を得る**わけですね。

でもこれって「私はあなたのことを愛していませんよ」と言っているようなもの。そんなことを延々と続けていたら「愛していない」という気持ちがビンビンに伝わってしまうじゃないですか、そうなると男性側も「試し行為」に走ってしまうことが多く、傷付け合い困らせ合うだけの関係になり、無惨に終わってしまうことが多いんです。**試し行為は破壊行為、愛情は信じるものではなく、疑ってはいけないもの**なんですよ。

結婚偏差値
50

問題
09

「残業続きの旦那さん」と掛けまして、「新婚ほやほやの奥さん」と解きます。さて、その心は？

正解はどちらも「毎晩つかれている（疲れている／突かれている）」でした。

大好きな彼と初めて結ばれる夜、一張羅の下着を身に纏《まと》い、いざ尋常に勝負！　と思ったその刹那《せつな》。なんと彼のアーノルド坊やがシュワルツェネッガーになってくれない！　まるで怯えて耳を垂れる子犬のように、判決を言い渡される罪人のように、水やりを怠った花瓶の花のように、生気なく項垂《うなだ》れてガチしょんぼり沈殿丸。

なぜ激おこビンビン丸になってくれないの？　なぜバッキンガム宮殿になってくれないの？　なぜ荒波に雄々しく立ち向かう獅子になってくれないの？　私の顔がダメなの？　私の身体がイヤなの？　私に女としての魅力がないからなの？

……と、頭を抱えてしまう女性が多いのですが、大丈夫です、安心してください。

その原因のほとんどは男性側の「緊張」なのです。実は男性のソレというものは副交感神経が優位になっていないと元気にならないようにできています。つまりリラックス状態にならないとおっきしてくれないんです。

交感神経が優位なとき、つまり緊張状態にあるときというのは、大事な仕事をしているときや大事な試験を受けているときと同じです。そんな場面でおっ立てるド変態な男性は、まずいませんからね。緊張状態にあるときは元気にならなくて当たり前なんです。

どんなに恋愛経験を積んだ手練れの男性でも、本気で惚れた女性と初めて結ばれる夜は緊張します。自分が気持ち良くなることだけを考えているオラオラ男なら緊張もしないのでしょうが、相手を思いやる気持ちがそこにあるのなら最初は緊張するものなのです。

むしろ最初の夜に上手くできないのは愛ある証、女性が自責してしまうと男性も自信をなくしてしまいますので、**初めての夜に上手くできなくても「愛されているんだな」と思って思いっきり甘えてあげてください。**

それができれば次回、彼のイチロウくんは、きっとフル立ちくんになってくれるはずですよ。

結婚偏差値
50

問題10 ○に当てはまる言葉を入れて、正しい文章にしてください。

「外見は、○○○○でOK」

正解は「自己満足」でした。顔は個人を識別する標識のようなもの、その人がその人とわかればいいものであって、そこに美醜の区別はありません。

他人と共有すべき美醜の価値観は、協調性や自主性や人間性の美醜、他人との関わりの中にある美しさや醜さです。

美しい人間関係を築けるのが美女、人間関係に混沌を持ち込んでしまうのが醜女。よって、外見的要素はその人の美醜を測るための点数に加算されません。万人が美女と認識している人であっても、私はその人との関わりの中でしか美醜を判断しないでしょう。

外見的な美醜の価値観は、自分に課すためだけにあります。自分が満足できればそれがすべて、その価値観は他人をジャッジする物差しではないし、他者と共有すべきものでもないんです。よって私は、他人の顔を指差して「醜い」とも言わないし「可愛い」とも言いません。それはご本人が決めることであって、私が決めることではないのだから……と、イケメンが言っていました（※イケてるメンタルの方のイケメン）。

　誰がいつ決めたのかもよくわからない「美人」という名のオフィシャルな偶像に自分を寄せて、自分らしさと引き換えに承認欲求を満たそうと日々たゆまぬ努力を重ねている女性諸君には耳が痛いお言葉ですが、**外見的な美しさとは相対的なものではなく絶対的なもの、自己満足がすべてである**という慈悲深いお言葉でもありますね。鏡に映った自分の顔にオフィシャル美人を投影して寄せて、ああでもないこうでもないと試行錯誤を繰り返し、思い通りに寄っていかない自分の顔に劣等感を覚える必要はありません。

　違う誰かにならなくてもいいし、誰のジャッジもいらない、自分なりの「最高の自分」にしてあげればそれでいい。そう思うと、世間から刷り込まれた「美」という呪いが解けて肩が軽くなるような気がします。

　とくに女性は外見に対するコンプレックスがひとつあるだけで自尊心まで見失ってしまう、相対的外見至上主義の偏った価値観が散見されるので、外見の価値観は「自己満足」という絶対的価値観に切り替えることをお勧めします。

結婚偏差値 50

問題11 ○に当てはまる文字を入れて、正しい文章にしてください。

「努力でどうにもならない相性とは、○○○の相性である」

正解は「距離感」でした。誰にでも踏み込んでほしくない精神的領域があります。親友や恋人、親でさえも踏み込んでほしくないアンタッチャブルな領域。パーソナルエリア、個体距離、対人距離と呼ばれるその領域には地雷がたくさん埋まっているので、そこに踏み込まれるとヒヤヒヤハラハラしてしまうのです。

その領域に踏み込まれないように上手に距離感をチューニングしながら、人は人間関係を形成しているわけですね。**どんなに親しい間柄であっても境界線上の付き合いが限界、それ以上踏み込まれると不快感が増すだけ**です。それは性格や人間性によって個体差があるものであり、慎重な人ほどその領域は広く、警戒心のない人ほど狭く、一般的には女性よりも男性の方が広いと言われています。とくに恋愛においてこの精神的距離感の相性はとても重要。この相性が良いからといって必ず上手くいくとは限りませんが、**精神的距離感の相性が悪いと必ずその関係は破綻するという最重要項目の相性**です。

距離感10の男性と距離感1の女性が付き合った場合、男性の距離感に合わせて付き合うと、女性は距離感がありすぎて「無関心」で傷付いてしまいます。しかし女性の距離感に合わせて付き合うと、今度は男性が絶対領域を侵され「過干渉」で傷付いてしまう。かといって折衷案の距離感で付き合っても、どちらも無関心と過干渉で傷付いてしまうという最悪の事態になってしまいます。お互いに異なる人間同士ですから、距離感がピッタリ合うということは稀《まれ》なのですが、誤差レベルの相違でないと適応できないのが精神的距離感です。

これは好き嫌いの次元の話ではなく個々人の根幹の問題なので、好きな者同士でもこの距離感が合わないという事例は珍しくはありません。またどちらが良い悪いという善悪の問題でもありませんし、努力でどうにかなる問題でもありません。**結婚を視野に入れるのなら距離感の相性は必ずチェックすること。**距離感の相違が原因で喧嘩になっていることが多いのなら、少し考え直した方がいいのかもしれませんね。

結婚偏差値

51

問題12 ○に当てはまる6文字を入れて、正しい文章にしてください。

「浮気の抑止力になる力は、○○○○○○という力である」

毎日のように彼女に連絡をして、「会いたい」と言われればすぐに駆けつけ、優しく彼女を抱きしめて、誕生日やクリスマス等のイベントにはサプライズを欠かさず、身だしなみにも気を遣っていて、言葉での愛情表現も豊富な、まるで女性が好む交際相手のテンプレみたいなマメな男性っているじゃないですか。**女性にウケが良くてモテるタイプだったりするのですけども、こういう男性って浮気する確率が高い**んですよね。

恋愛にマメなタイプの男性って恋愛に労力を捧げている人であって、**彼女が好きというよりも恋愛が好きなタイプ**なんですよ。だからテンプレに則ってマメに「恋愛」をするわけですね。

浮気をしない人って、基本的に恋愛がめんどくさいタイプなんです。付き合っても連絡はそんなにマメな方ではなくて、必要最低限の連絡事項だけ知らせてくる感じですね。デートとかもお互いが暇なら暇潰し程度の省エネデートをするだけ。誕生日やクリスマス等のイベントもサプライズみたいな演出はなく、ちょっとしたご飯を食べてプレゼントを渡すくらい。

言葉での愛情表現も苦手で「ここぞ」という場面でしか言わない。女性が好む王子様タイプではなくて、どこにでもいるような庶民タイプなんですね。**恋愛が好きなんじゃなくて、彼女が好きなだけなんです。**

そろそろお気付きかと思いますが、**この問題の正解は、「めんどくさい」です。**元々恋愛への熱量が低い方なので、浮気願望はあっても「めんどくさい」という気持ちがブレーキになって大事には至らないというわけですね。

浮気の抑止力とは、恋人を思う気持ちの大きさ云々ではなく、「めんどくさい」という気持ちの大きさが深く関わっているもので、マメに愛してくれるから、満足いくまで愛してくれるからといって、その人が浮気をしないわけではないんです。

結婚をするのなら恋愛無精なくらいでちょうどいい。そもそも結婚の最大の利点は「もう恋愛をしなくていい」ということですからね。

結婚偏差値 52

問題13

結婚をするのなら、同じ趣味を持つ人がいいでしょうか？「○」か「×」でお答えください。

正解は「×」でした。結婚相手に同じ趣味を持っていることを求める人は多いのですが、趣味が同じって実はあまりいいことではないんですよね。**初対面の取っ掛かりに「同じ趣味」というものは会話の種になって重宝するのですが、付き合う、もしくは結婚するという場合に「同じ趣味」というのは喧嘩の種になってしまうことが多い**んですよ。

趣味というものは個々人のこだわりがあるもので、例えば音楽が趣味だという人は、好きな音楽と嫌いな音楽がハッキリ分かれていたりするんですよね。野球観戦やサッカー観戦が趣味だという人も、好きなチームと嫌いなチームにハッキリ分かれていたりして、またそれらが同じでもそれぞれの観点は違ったり。譲れないこだわりが詰まっているのが趣味ですから、趣味は一緒でもその価値観の相違が見えてくると、喧嘩になってしまうケースが非常に多いのです。

また価値観の相違をなんとかクリアしたとしても、趣味が同じだと休日も一緒に行動することが多くなってしまうんですよね。「仲が良くていいじゃないか」と思うかもしれませんが、これが夫婦にとっては後々ストレスが蓄積する原因になってしまうんです。

恋愛は「いかに二人の時間を捻出するか」ということが重要事項になるのですが、結婚生活はこの逆で「いかにお互いに一人の時間を捻出するか」ということが重要事項になるんですよ。

人は一人の時間に自分と向き合い自分を保っている生き物です。一人の時間がなくなってしまうと、人は自分を見失ってしまい、相手に依存してしまうんですね。そうなると自分と相手との境界線が曖昧《あいまい》になって、相手が自分の思い通りに動いてくれないとイライラしたりしてしまうんですよ。

「私とあなたは違う生き物なんですよ」という大前提を守るためにも、**お互いが違う趣味で一人の時間を持ち、お互いが「自分」という存在を忘れないようにすることが夫婦円満の秘訣**なんですよ。

結婚偏差値

52

問題14　社交的な人にあって、人見知りの人に足りない三つの力とは？

ひとつは「観察力」、ひとつは「コミュニケーション能力」、そしてもうひとつは、「なに力」でしょうか？

正解は「演技力」でした。「素敵な男性と知り合えても、人見知りが発動して仲良くなれない」という女性も多いのですが、ぶっちゃけて言えば人見知りでない人などいません。多かれ少なかれ人は人に人見知りをするもので、その度合いはそれほど変わるものではありません。では一体、社交的な人はどのような力を使って人見知りを抑えて人と接しているのでしょうか？　ズバリそれが、「演技力」なんです。

人と上手く接することができない人は、素の自分で接しようとしてしまう馬鹿正直なところがあります。しかし素の自分なんて心を許した相手にしか出せない粗末なものであり、結果、何も出せなくなってしまいダンマリ地蔵になってしまうというわけです。しかし社交的な人はハナから素の自分を出そうとしません、**社交的な自分を演じて人と接するので**

す。それは相手に不快な思いをさせないための演技であり、それを世間では「礼儀」と呼ぶのです。

社交的な者同士はまずお互いに礼儀を交換し合い、お互いに礼儀があるということを認識した上で徐々に心を開き、やがて素の自分で付き合える関係になっていくというわけですね。**礼儀もない人に心を開いてくれる素敵な人はいませんので、素敵な男性とお近付きになるためには演技力は必須能力**なんですよ。

とはいえ台本があるわけではないので、セリフはアドリブで考えなければなりません。相手がどんな言葉を欲しているのか、どんなリアクションをすれば喜んでもらえるのか、または相手は何が言いたいのか、その言葉を引き出してあげるためにどんな会話を振ればいいのか——。相手をよく観察してその場の空気をプロデュースすること、これが観察力とコミュニケーション能力です。

「自分が相手にどう見られているのか」という自意識は捨てて、相手に興味を持ち、その人が気を遣わないように気を遣いましょう。観察力とコミュニケーション能力、そして演技力を駆使すれば仲良くなれない人などいません。この三つの力を磨いて素敵な男性をゲットしてください。

結婚偏差値
52

問題15 結婚相手に求める「さ・し・す・せ・そ」とは?
○に言葉を入れて、文章を完成させてください。

「さ」○○な男であること
「し」親友になれる男であること
「す」素直な男であること
「せ」誠実な男であること
「そ」尊敬できる男であること

正解は「最適」でした! 結婚相手に求める「さ・し・す・せ・そ」。

まず最初の「さ」は「最適な男」。**「最高」ではなく「最適」であるかどうか、自分に最も適した人、つまりちょうどいい、普通の男であるかどうか**ということです。最低でも最高でもなく普通だと思える人と一緒になることによって、その関係性は普遍的なものになるんですよね。

結局、人というのは普通だと思えることしか続かないもので、**普通だと思える人こそ生**

涯を共にできるパートナーになるのですよ。

そして「し」は、「親友になれる男」。恋人と夫婦の違いって、親友であるかどうかの違いだと思うんです。恋人というのは男と女のお付き合いで成立してしまうものですが、夫婦というのは男と女のお付き合いからさらに一歩深い関係、つまり人と人としてのお付き合いができないと成立しません。

男と女ではいずれ別れてしまうかもしれない、でも親友になることができれば、それは一生続く関係になります。

夫婦というのはどちらかと言えば親友である関係の方がメインです。男と女として恋人になるのは「たまに」ですからね。

そして次の「す」が「素直な男」。素直なところって「耳」に表れるんですよね。つまり**人の話を素直に聞けるかどうか、喧嘩腰にならずにちゃんとした「話」ができるかどうかというところは非常に大事なポイント**になります。

違う人間同士が意思疎通を図るためには「話」しかありませんので、人の言葉のあげ足を取ったり、深読み裏読みをして言葉を疑ったり、論点をズラしてマウントを取りにいったり、まともな話ができる耳を持っていないと意思疎通なんてできないんです。

話し合うことは愛し合うことと同義ですので、話し合えない人とは愛し合うことなんかできないんですよ。

そして次が「せ」で「誠実な男」。誠実と正直は違います。誠実であるためにはときに嘘が必要なもので、それは正直とは少し違うんですよね。

イマイチなご飯も美味しいと嘘をつくことができたり、誇らしいことでも謙虚に振る舞うことができたり、**人を思いやることができるゆえの優しい嘘をつける人が誠実な人**なんです。

正直な人は正直であることを免罪符にして無粋な真実で無駄に人を傷付けることがあります。**正直なだけではまだ未熟、誠実になれてこその大人、**思いやりのある誠実な大人の男性を選びましょう。

そして最後の「そ」は、「尊敬できる男」です。自分にはないものを敬い尊重することが「尊敬」ですからね。ある意味、尊敬というものは他人でなければ感じることができないものなんです。

しかし恋愛や結婚によって距離感が近くなりすぎてしまうと馴れ合いの関係になり、その人を敬う気持ちが次第になくなってしまいます。**距離感が近すぎると「自分と同じ」を**

求めるようになってしまいますので、自分にはない「尊敬」の部分まで許せなくなってしまうんですよね。

お互いが尊敬できる距離感を保つことができなければ、その関係はいずれ終わってしまうということ。その境界線を決して踏み越えて来ない男を選んでください。

以上、結婚相手に求める「さ・し・す・せ・そ」でした。

結婚偏差値
52

問題16 ○に当てはまる文字を入れて、正しい文章にしてください。

「女のモテ期は○○なときに到来する」

正解は「不幸」です。男性のモテ期は、仕事も順調で私生活も充実しているときが多いですね。だからでしょうか？　男性は仕事が上手くいっていなくても私生活がボロボロでも、モテたいという欲求が強いと、さもすべてが上手くいっているかのように見栄を張る節があります。中には借金をしてまで充実を装い、女性の気を引こうとする強者もいるくらいです。

一方女性のモテ期は、男性とは違って仕事や私生活に問題を抱えているときが多いですね。だからでしょうか？　女性は仕事が順調でも私生活が充実していても、モテたいという欲求が強いと、仕事に悩んでいるフリや人間関係に悩んでいるフリをして男性の気を引こうとする節があります。中には恋人や旦那様がいても「別れたばかりで傷心中」と触れ回る強者もいるくらいです。

モテ期が到来すると「キタアアアアア！」と、まるでアカデミー賞でも受賞したかのような歓喜の声を上げ、空から天使が舞い降り「モテ期おめでとう！」と祝福のキスをしてくれて、森の動物たちがファンファーレを奏で、無数の打ち上げ花火が空を彩る……みたいなイメージがあるのかもしれませんが、**実はモテ期ってある意味人災で、それほど歓迎するようなものではなく、むしろ避けて通りたいものなんですよ。**

男性の場合は幸福なときにモテ期が到来するので、恋人や奥様と上手くいっているときにモテてしまうんですよね。ここで魔が差すと浮気や不倫といったトラブルになってしまい、せっかく築いた幸せが業突く張りの略奪女に壊されてしまうわけです。

一方、女性は不幸なときにモテ期が到来するので、恋人や旦那様と上手くいっていないとき、または失恋で傷心中にモテてしまうんです。相手は精神的に弱っている女性を狙ったハイエナみたいなゲスな男たちなので、正気に戻ったときに後悔してしまうことが多いようです。

いい男は幸福なときほど謙虚に、いい女は傷付いたときほど気高く、いい男もいい女も無駄にモテることはしないものなんですよ。

結婚偏差値

54

問題17 ○に当てはまる文字を入れて、正しい文章にしてください。

色気のない女性の三つの特徴

- 追われる恋より追いかける恋が好き
- 付き合った男性にはすべてをさらけ出す
- ○○が安定していない

正解は「情緒」でした。まずは「追われる恋より追いかける恋が好き」という特徴ですが、こういう女性って恋愛の熱量が病的に高く、男性が持つ恋愛の熱量を上回らないと気が済まない性質で、わりと恋愛に淡白で押しに弱い男性を好んだりするんですよ。

熱量で押し切って落とす攻撃的なハンタータイプですが、狩りに色気はいらないので女性特有の色気が退化してしまいます。

色気のある女性は恋愛の熱量が絶妙に抑えられていてそこら辺の塩梅《あんばい》が抜群に上手いんです。男性に「追いかければ手が届くかもしれない」と思わせる熱量にコントロールするのが「色気」なのかもしれませんね。

そして次に「付き合った男性にはすべてをさらけ出す」という特徴。所謂《いわゆる》「ありのままの姿を見せるのよ女子」なのですが、**女性のありのままなんて、おっさんと変わりはありません**ので、女性がすべてをさらけ出してしまえば〝女型のおっさん〟になってしまいます。

無防備に足をおっ広げてパンツ丸出しで寝転んでいたりしてはダメ、お風呂上がりにマッパでリビングをうろついたりしてはダメ、思ったことをフィルターを通さず無添加で言葉に出したりしてはダメ。**女性が女性であるためには理性で自分を律しなければなりません。**「女性」であるための理性が色気なんですよ。

そして最後に「情緒が安定していない」という特徴。**色気のある女性の精神状態は常に穏やかであまりムラがありません。**

誰もが焦ってしまうシチュエーションでも落ち着いていて、誰もが爆笑してしまうシチュエーションでも含み笑い程度で収めて、誰もが悲しんでしまうようなシチュエーションでも悲しみをグッとこらえる、感情のコントロールに長けているのが色気のある女性です。

泣いたり怒ったり爆笑したりと、理性が働かない感情の起伏が激しい女性になってしまうと色気は失われてしまうということですね。

結婚偏差値
55

「だから、好き」より、「○○、好き」が、長く愛せる秘訣。

問題18　○に当てはまる文字を入れて、正しい文章にしてください。

「俺のどこが好き？」と聞かれて困った経験はありますか？　彼のどこが好きなのかすぐに答えられなくて自分に腹が立ったことはありますか？　大丈夫です、それは彼を愛せている証拠なんです。

恋が始まると、見た目がタイプだからというたったひとつの理由で、性格や相性が多少合わなくても目をつぶって、彼のすべてを許せたりします。逆を言うと、見た目が変わってしまったら、今度はすべてが許せなくなってしまうってことなんですね。

好きな理由があるということは、嫌いになる理由もあるということ。恋愛において理由が存在してしまったということは、終わりも見えてしまったということになります。

人を好きになるというのは、「顔がタイプだから好き！」ではなく、「見た目はあんまりだけど……好き」ということ。そう、**「〇〇〇」の答えは「だけど」なんですね。**「だから、好き」より「だけど、好き」というのが大切なんです。**好きの理由がないからこそ、ずっと愛せるもんです。**

彼の頭が薄くなってきたとしても「だけど好き」、彼のおならがくさくて息ができなくても「だけど好き」、彼と出かけて全く頼りにならない日があったとしても「だけど好き」なんです。

もっと言うと、彼がおじいちゃんになってあなたがいろんなお世話をすることになったとしても、やっぱりずっとずっと「だけど好き」の繰り返しでいられるんです。

生涯一緒にいる相手を選ぶときは、「だけど好き」と思えるかを大事にしてみてください。

結婚偏差値
55

問題19

「変化のない関係」と掛けまして、「夏休みの終わり」と解きます。さて、その心は？

正解はどちらも「そろそろあき（飽き／秋）がくるでしょう」でした！

「倦怠期」というものは、変わらない相手に飽きてしまうことだと思いがちなのですが、実は変わらない自分に飽きてしまっている場合がほとんどです。

結婚をして自分をアップデートすることを怠っていると、眼に映る景色も感受性も何も変化のないものになってしまいます。

人というのは下りのエスカレーターを上り続けているようなもので、そこに立ち止まるということは自動的に劣化していく（下る）ことになってしまうのです。

変化のない同じ毎日の繰り返しの中で、その毎日は次第に劣化していき、やがてその毎日は「安心」から「退屈」に劣化してしまうというわけですね。これが「倦怠期」というものです。

実際に先に倦怠期を感じるのはアップデートを怠っている方、つまり成長をサボっている方が「退屈」という名の不満を感じ、その不満を相手のせいにして変わることを強要したりしてしまうのですが、そもそもが変わらない自分に飽きてしまっているのが原因なので、どんなに相手が頑張って変化してくれても、その退屈という名の不満は払拭されることなく、倦怠期地獄にハマってしまうのです。

倦怠期を感じたらまず自分を疑うことが鉄則。自分を形成しているのは生活習慣ですので、真っ先にやらなければいけないことは生活習慣を見直し整えることです。

生活が経年劣化しないように常にアップデートする意識を持っていれば、それはそっくりそのまま自分をアップデートすることに繋《つな》がるものですので、見える景色も感受性も常に新鮮、毎日が新しい一日となり、安心は安心のままその関係を守っていくことができるのですよ。

現状の安心を常に安心として感じるためには、下りのエスカレーターを上り続けなければいけないということ。その関係性が変わらないためにも変わり続けなければならないということですね。

結婚偏差値

55

問題20 ○に当てはまる言葉を入れて、正しい文章にしてください。

「男に結婚を意識させるためには、○○の話をしろ」

正解は「未来」でした。もうそろそろ結婚適齢期なのに彼に結婚の意思があるかどうかわからない、かといって結婚をせがんで煙たがられるのも怖い。結婚を切り出すタイミングを計っているうちに悪戯《いたずら》に時間を消費してしまい気が付いたらもう崖っぷちの年齢。一か八かで結婚する意思があるのかないのか尋ねたところ、キッパリと「ない！」と言われてしまい、泣く泣く別れて途方に暮れる女性は多いです。

結婚願望というのはある意味生理的なもので、それは出産リミットと関係しているものなんですね。子孫繁栄は本能的な願いであり、リミットが近付くにつれて結婚願望が大きくなるのは健全なことなのです。

しかし女性のリミットより男性のリミットの方がずっと先にあるものなので、同世代と付き合っているとそのギャップが生じてしまい、女性は結婚を意識しているのに男性は全く考えていないということが起こってしまうわけです。

では男性に結婚を意識してもらうためにはどうしたらいいのか。あからさまに「結婚」というワードを出すのは160キロの剛速球を投げ付けるようなもので、そんなことをしたらかえって警戒されてしまう可能性があります。

まずは外角低めを狙って近未来の話で「未来」を意識付けることが重要です。「来年は○○歳だね」とか「来年は○○に旅行しよう」とか、目線を未来に向けさせて様子を窺ってください。**二人の未来を意識付けるだけで、結婚に前向きになってくれる男性は結婚を意識し始めます。**1年後2年後3年後と徐々に未来の話を広げていくことで必ず「結婚」というワードが出てくるでしょう。**結婚する意思のない男は女性に対して少なからず罪悪感がありますので、未来の話はわりと敬遠しがちです。**素っ気ない態度で生返事をしたり、話をすり替えて逃げたり、わりとわかりやすい形で未来の話を敬遠する傾向があります。

そういう男性は「結婚は人生の墓場」と思っているタイプなので、早めに別れた方がいいでしょう。結婚は人生の墓場かもしれないけど、墓場暮らしも案外いいものです。夜は墓場で運動会ですからね（意味深）。

結婚偏差値
55

問題21
○に当てはまる文字を入れて、文章を完成させてください。

4大「コミュニケーションに邪魔なもの」。それは、「テレビ」「スマホ」「漫画」そして「○○○」。

正解は「ゲーム」でした。愛し合うことは話し合うこと。これは常々言っていることなのですが、ただ話をすればいいってもんじゃないんですよね。

コミュニケーションの取り方によってはその関係性が悪化することもあり、最悪離婚なんてことにもなりかねないので要注意です。何がムカつくかって、人の目を見て話さないのがムカつくんですよ。テレビを観ながらだったり、スマホを見ながらだったり、漫画を読みながらだったり、ゲームをしながらだったり、そういう**「ながらコミュニケーション」って、聞いているのか聞いていないのかよくわからない**んですよね。

上の空で生返事、あからさまに興味のない態度、しまいには「うるさいな」とかキレる始末、こんなコミュニケーションでは不信感が増すだけなんです。

コミュニケーションには、言語コミュニケーションと非言語コミュニケーションがあります。言語コミュニケーションの役割は全体の2割程度と言われていて、コミュニケーションの約8割は非言語コミュニケーションが占めているんですね。

非言語コミュニケーションとは、表情だったり目線だったり、その多くは視覚情報にあるものですが、「ながらコミュニケーション」では視覚は他に奪われているわけですから、そのコミュニケーションでは2割程度の情報量しか伝わらないんですよ。

ながらコミュニケーションにおける「ちょっと！　ちゃんと聞いてるの!?」というイライラは、10伝えたいのに2しか伝わらないイライラってことですね。テレビやスマホ、漫画やゲームもいいのですが、**二人でまったり話ができる時間は1日に30分でも1時間でもいいので捻出しましょう。**

食事の時間や晩酌の時間などは、テレビも消してスマホも閉じて、漫画は持ち込まずゲームは電源を落として、正真正銘の二人きりの時間を作って話をしてください。

結婚している方は最近、旦那さんの目を見て話をしたことがありますか？　たまにはちゃんと目を合わせてください、ドキッとすることがあるので楽しいですよ。

結婚偏差値

55

問題22 ○に当てはまる言葉を入れて、正しい文章にしてください。

「その人の人間性を知りたければ、その人の○○を見よ」

正解は「趣味」でした。女性が嫌う、男性の趣味ナンバーワンは「ギャンブル」なのですが、なぜギャンブルが嫌われるのかといえば、中毒性があるからなんですよね。自制心を失い執着してしまうその様が、病的で異様であり恐ろしい。そのイメージがギャンブルにあるから嫌われてしまうわけです。

でも自制心を失うほど夢中になってしまう趣味って、ギャンブルだけではないんですよね。あらゆる分野の趣味には必ず自制心を失って狂人になってしまっている層がありまして、そういう人種は人間性も未成熟な傾向がありますので恋愛においても依存しやすいタイプなんです。

例えばゲームが趣味ならば、気に入らないことがあるとコントローラーを投げたり、画面に向かって罵詈《ばり》雑言《ぞうごん》を浴びせたり、次の日に仕事や学校があるにもかかわらず徹夜でゲームをしてしまったりする人は要注意です。例えば好きなアイドルを追いかけるのが趣味ならば、物販をコンプリートするまでお金をつぎ込んでしまったり、全国津々浦々どこまでも果てしなく追いかけ回してしまったり、そのアイドルに熱愛報道があるとこの世の終わりのように落ち込んでしまったりする人は要注意です。

自制心を失ってしまうと、それが嫌いになるまで我が身を犠牲にして無条件に執着してしまう傾向があります。その傾向はそっくりそのまま恋愛における傾向にも当てはまりまして、**趣味で自制心を失ってしまう人は恋愛でも自制心を失ってしまう**ということ。

その人のことが嫌いになるまで自己を犠牲にして執着するモンスターになってしまうタイプなので、趣味に夢中になってしまう人は恋愛対象としては避けた方がいいかもしれないということですね。

誰にでも趣味のひとつやふたつはあると思いますが、身の破滅にならない程度に自制心で絶妙な距離感を保っている人は恋愛における距離感の保ち方も上手です。**その人の、人としての完成度は趣味との向き合い方にあり。「大人の嗜《たしな》み」程度に趣味と向き合える人が一番いいんですよ。**

結婚偏差値
55

問題23 ○に当てはまる文字を入れて、正しい文章にしてください。

「重い女の地獄のループ」
①〈いい子を演じる〉→②〈ストレスで黙る〉→③〈男を○○〉→④〈①に戻る〉

正解は「試す」でした。重い女になりがちな女性は恋愛になると「いい子」を演じる癖があります。不平不満があるくせに聞き分けのいいフリをして、文句のひとつも言わずに男に尽くし、いつも明るく笑顔でポジティブで、そんな非の打ち所のない女であることを心掛けています。でもそれってストレスが蓄積されますよね、だってそんなに「いい子」じゃないんだから。

本当はいい子じゃない自分を出したいけど、それを出すと見捨てられてしまうかもしれない……。その恐怖心が自分を抑圧してしまいストレスを蓄積させてしまうわけですね。そしてストレスがピークに達すると今度は黙ってしまう傾向があります。

一言でも不平不満を出してしまうと、今まで溜め込んできたものが一気に出てしまうかもしれない、そんなことをしたら見捨てられてしまうかもしれない、今まで築いてきたものが全部壊れてしまうかもしれない……そんな気がして、その恐怖心が言葉を詰まらせてしまうわけです。だから**言わずとも察してほしい、沈黙を解読して理解してもらいたい、そんな無茶なことを男性に求めるようになる**のです。

しかし、恋人といえども言葉もなく以心伝心はできないわけで、**男性からしてみたら沈黙は「機嫌悪いな……」くらいの情報にしかならない**んですよ。結局静かに放っておくことしかできず、その放置がまた女性の不安を煽《あお》り、さらにストレスを蓄積させてしまうわけですね。

もともとは「見捨てられてしまうかもしれない」という不安が元凶の奇行ですので、そうすると最後の最後は自分が本当に愛されているかどうかを確かめる行動に打って出ます。わざと困らせて反応を見たり、わざと連絡などを無視して反応を見たり、酷《ひど》いケースになると別れ話を持ち出して反応を見ようとしたりすることも珍しくありません。

その試し行動で自分が愛されているかどうかを測り、それで安心するとまた「いい子」を演じて、そしてまたストレスを溜めて黙り、そしてまた試し行動をするという地獄のループにハマってしまうのですよ。

結婚偏差値
55

問題24
○に当てはまる文字を入れて、正しい文章にしてください。

「男性は女性に、それほど○○は求めていない」

正解は「家事」でした。男性にとって、結婚相手に相応《ふさわ》しい女性の条件と言えば「家事ができる女性」。掃除も洗濯も料理も完璧にこなせる女性は男性から人気だと思われがちで、女性もそうなれるように努力を積み重ねたりするのですが、**実は男性は女性にそれほど家事ができることを求めていなくて、わりと大雑把な女性の方が男性には好まれる**んですよね。

家事を完璧にこなしてしまう女性というのは神経質な人が多くて、自分なりの家事のやり方が1ミリの隙間もなく出来上がっちゃっているんです。

そうなると男性が家事に手を出せば、女性が自分のやり方にこだわるあまりに、男性を自分の意のままに動かそうといちいち細かいところまで指示を出すわけです。男性は男性なりに自分のやり方でやりたいのに、女性のやり方に合わせなければならなくなり、それはまるで上司と部下のような関係性になってしまうんです。

そうなると男性側には不満が溜まり、次第に家事から遠ざかっていき、女性は女性で「旦那が家事をやってくれない！」と不満が溜まり、両者共に不満を抱えた関係性になってしまう傾向があるんですよ。

夫婦仲が良い関係というのは、女性がある意味で大雑把、良く言えばおおらかで、細かいことはあまり気にしない「好い加減」であることが多いです。

掃除も洗濯も結構適当にそつなくこなすといった感じで、料理も時短で簡単にできるものが多く、それほど家事にこだわりがある人はいません。

女性が好い加減に大雑把だと男性が家事に介入しやすくなり、結構張り切って家事をやってくれたりするケースが多いんですよ。イケメン曰く「男は家事がやりたくないわけじゃないんだ、男は男のやり方で家事をやりたいんだ」とのこと。

女性は男性が家事に介入できる程度の「好い加減具合」は持っていた方がいいのかもしれませんね。

結婚偏差値 55

問題25 ○に当てはまる言葉を入れて、正しい文章にしてください。

「些細なことでイライラする女性は、○○○が強い女性である」

正解は「独占欲」でした。 それでは早速解説してみましょう。外では恋人の愚痴を吹聴して回り、恋人本人には常にイライラして高圧的な態度で接している女性がたくさん見受けられます。「そんなに気に入らないのなら、別れればいいのに」と思うのですが、そういう女性ほど文句を言いながらもズルズルとその関係を続けたがるんですよね。

しかし結果的に男性の方が先に音を上げてしまい、イライラ女はフラれてしまうケースが多いようです。しかもあれだけ恋人の文句を垂れ流していたのに、未練タラタラで長期にわたって失恋の痛手に苦しむ始末。なぜ彼女らはそれほど大切な人を粗末に扱ってしまうのでしょうか？

その答えは「独占欲」なんです。独占欲が強いとその人を支配しようとする心理が働きます。自分の思い通りにその人を支配するために、その人の欠点を見つけて矯正しようとするわけです。

例えば男性にちょっとした寝癖がついていたとして、本来それはどうでもいい部類に入るものですが、独占欲が強いとそれが許せなくなります。それを指摘して強制的に直させることによって自分の独占欲を満たしたいわけですね。

だから**独占欲が強い女性ほど恋人の些細な欠点を探すようになり、それを見つけると嬉々として執拗《しつよう》に責め立てるようになる**んですよ。彼女らはその欠点が許せなくてイライラしているというわけではなく、思い通りに支配したいという欲求に駆られてイライラしているだけ。だから男性に対していつも高圧的で、神経質とも思えるほど些細な欠点を突いて回るようになるんです。

男性はとくに自由を好む生き物。恋愛により不自由になるくらいなら、独り身で自由になることを選択する人が多いので、独占欲が強い女性には警戒心が働くようにできているんです。独占欲なんて夜の燃料にして消費してしまうのがベスト。生活面は放牧しておくくらいがちょうどいい。ある程度の距離を保っておかなければ、人は人に優しくはなれないんです。

結婚偏差値
55

問題26

「生ビール」と掛けまして、「恋人との休日」と解きます。さて、その心は一体なんでしょうか？

正解は、どちらも「あわない（泡ない／会わない）とガッカリでしょう」でした。クリスマスといえば、クリスマスプレゼント。恋人がいる人や結婚をしている人は、毎年のようにプレゼント交換を楽しみにしているでしょう。

しかしクリスマスの後には毎年、男性からのプレゼントに対する不満を女性からたくさん聞かされます。趣味に合わない服やアクセサリー等を貰った、よく見たら中古の品物だった、安物をプレゼントされた、希望したプレゼントと違う等々……。中には頂いたプレゼントをネットで検索して、金額を調べるというゲスい女性もいたりして、酷いケースになるとプレゼントが気に入らないからといって別れたなんていう女性もいたりします。

イエス・キリストが生まれた日にノーを突き付ける女性のなんと残酷なことか。物品で愛情を測るという、なんとも痛ましい惨劇が聖なる夜の裏で起こっているのです。クリスマスのプレゼントってなんでしょう？　物品だけでしょうか？

実はクリスマスには物品以外のプレゼントを頂いているのです。そのプレゼントとは「時間」です。時間は限りある命そのもの、その人に会うために時間を割くということは、その人に命をプレゼントすることに等しい。クリスマスに限らず、**誕生日や記念日等、最も尊いプレゼントとは、時間であり、それこそが愛情を測る物差しになる**ものなんです。

どんなに高価な物品をプレゼントしてくれても、大事な日に会ってくれないような男性は、恋人を本当に愛しているかどうかは疑わしいです。

しかしどんなに安価な物品しかプレゼントしてくれなくても、ここぞという大事な日に時間を作って会ってくれる男性は、その女性を愛しているといえるでしょう。**愛情を測る物差しは物品ではなく時間**なんです。

大事な日にその人が目の前にいるかどうかでその人の愛情を測ってください。そういう男性は困ったときにすぐに駆けつけてくれる人ですからね。

結婚偏差値

55

問題27 ○に当てはまる文字を入れて、正しい文章にしてください。

気になる男を落とす悪魔の手口（初デート編）「初デートでは、必ず○○しろ」

正解は「緊張」でした。好きな人と初めての二人きりでの食事、緊張で言葉に詰まり重い空気を作ってしまい、あえなく玉砕してしまうという女性が多いのですが、彼女たちは決まってこう相談をしてきます。「どうしたら緊張しないで話ができるんですか？」って。実はこの相談自体がすでにズレていることに気が付いていないんですよ。もし仮に緊張しない方法があったとしてそれを実践したとしましょう。リラックスできて話も弾んで楽しいかもしれません。もしかしたら次の約束も取り付けられるのかもしれません。でも、それって単なる友達の関係性であって恋愛の匂いがしないんですよね。居心地のいい友達という関係性に甘んじていると、いつまでも恋愛というネクストステージには行けません。**緊張から逃げるということは、恋愛から逃げていることに等しいものなんです。**異性として意識している以上、いつかは緊張という壁を越えなければならないということですね。

大事なのは緊張しないことではなく、緊張を隠さないことなんです。玉砕する人は緊張を隠そうとして、ただの仏頂面になっていることが多いのですが、それって相手からしてみればただの不機嫌なんですよね。話し掛けても生返事で、会話も途切れがちで居心地も悪く、心ここにあらずのソワソワした態度で、食事も口に合わないのか進んでいないし、たとえ相手が好意を持ってくれていたとしても、この有様だと「あれ？　もしかして俺って嫌われてるのかな？」と誤解を与えてしまうことにもなりかねません。

緊張しているのなら素直に「ちょっと緊張しているんですよ」と白状してしまいましょう。するとだいたいの男性は「なんで？　大丈夫だよ」と笑ってくれると思います。実はここが大事なポイント、「大丈夫だよ」と言わせたら心の中でガッツポーズです。「大丈夫だよ」と言った手前、男性は緊張させないように一生懸命振る舞ってくれます。

人には「助けた人を好きになる」という心理作用がありますので、緊張から救ってあげたことが恋愛感情に繋がるかもしれないということ。

悪い女は緊張していないくせに緊張しているフリをして男性の気を引こうとするくらいですからね。**初デートの緊張は武器になるものなんですよ。**

結婚偏差値

55

問題28

「○○が足りないだけで、愛情表現はすれ違う」

○に当てはまる文字を入れて、正しい文章にしてください。

正解は「一言」でした。恋人と会えないとき、女性は「私はあなたに会えなくて寂しいですよ」と寂しさを伝えることによって愛情表現する傾向があるのですが、男性は「僕は会えなくても平気だよ」と信頼を伝えることによって愛情表現する傾向があります。

女性は寂しさに愛情を込めて、男性は信頼に愛情を込めて伝えているわけですが、女性から「会えなくて寂しい」と伝えられた男性はこれを愛情表現として捉えることができなくて、「なんで会いに来てくれないの?」と不満を伝えられたと思ってしまうんです。女性からしてみればべつに「会いに来てくれ」と要求しているわけではなく、ただ寂しいという気持ちを共有したかっただけ。お互いの寂しいという気持ちを共有することで愛し合いたかっただけなのに、男性はそれを不満と誤訳してしまうわけですね。

一方、男性から「会えなくても平気だよ」と伝えられた女性もこれを愛情表現として捉えることができなくて、「べつにお前がいなくてもいい」と突き放された気分になってしまうんです。男性からしてみればべつに突き放すつもりなんて毛頭なくて、ただ彼女に余計な心配を掛けたくない一心で「平気」と強がっているだけなんです。「大丈夫だから安心してね」と伝えたかっただけなのに、女性はそれを「突き放された」と誤訳してしまうわけです。

この例に限らず、**どちらも愛情を伝えているのに、愛情表現がすれ違って上手くいかないことがよくあるんですよね。それはどちらも大事な部分を言葉にしていないから。**「寂しい」の後に続く言葉、「平気」の後に続く言葉を割愛して、その空白の部分の翻訳を相手に委ねてしまっているから誤訳が生じてすれ違ってしまうわけです。

「寂しい」で終わりにしないで「あなたも寂しいって言ってよ」と最後まで伝え切ること、「平気」で終わりにしないで「だから何も心配しないで、大丈夫だよ」と最後まで伝え切ること。

自分の気持ちを漏れなく最後まで言葉で表現してこその愛情表現。どんなに愛し合っていても、一言足りないだけで何も伝わらないことがあるんですよ。

結婚偏差値
57

問題29 ○に当てはまる言葉を入れて、正しい文章にしてください。

「結婚は○○○レスになったらもうおしまい」

正解は「トーク」でした！

「レス」と言えば多くの人が夜の運動会のことを連想したと思うのですが、それもまたコミュニケーションの延長線上に成り立つものであって、コミュニケーションで意思疎通ができて信頼関係が成り立っているからこそ、夜の運動会まで発展させることができるのです。会話も信頼関係もないまま夜の運動会でハッスルなんかしたら、逆に不信感しか生じませんからね。

その根幹となる話（トーク）がなければ夜の運動会なんて意味は成さないということ。実際にそっちの方がレスという夫婦は圧倒的にコミュニケーション不足のことが多いです。信頼も愛情も安心も夜の運動会も、すべての根幹となるのはコミュニケーション（トーク）ってことですね。

女を不安にさせる男も、男を不安にさせる女も、「言葉が足りない」という致命的な欠陥を持っています。話さえすればすべてが上手くいくのに「めんどくさい」という理由だけでコミュニケーションを避ける悪い癖があるんです。

実はこの**「めんどくさい」という気持ちは多くの場合は慢心からくるもの**で、意思疎通はすでに完成されているという勘違い、言わずとも心は通じ合っているはずという勘違いから慢心が生じてしまい、彼ら彼女らから言葉を奪ってしまうのですよ。

元々は赤の他人、違う価値観を持ち違う感性を持っている別の人格、そもそも性別から違う人間同士、念力が使えるわけでもなく、言葉もなく通じ合えるわけがないんですよね。それは何年何十年一緒にいても同じで、言葉もなく通じ合える関係なんて幻想でしかないんですよ。

言葉もなく通じ合うことができない人間同士だから、いつまでも話ができる関係でいられるということ。**「愛し合う」と「話し合う」は同義**ですからね、言葉もなく通じ合えない関係だと認知していた方がずっと愛し合う（話し合う）ことができるってことです。

背中で語られても「機嫌悪いのかな？」くらいしかわかりません。**話をしましょう話を、いつも、いつまでもね。**

結婚偏差値

57

問題30 ○に当てはまる言葉を入れて、正しい文章にしてください。

「愛情表現は、○○○○○から学べ」

正解は「あざとい女」でした。

「あざとい女」というと脊髄反射で拒否反応を起こしてしまう人もいるのかもしれません。何を隠そう私もあざとい女は大嫌いで、見かけたら鼻フックを掛けて一本背負いをしたくなる衝動に駆られます。ですが彼女らはひとつ特化した能力を持っているんです。それは「愛情表現」なんですよ。

あざとい女を観察しているとよくわかるのですが、あいつらは「好きです」とか「付き合ってください」とか「今夜は帰りたくない」とか、直接的なアプローチは絶対にしないんですよね。それらの表現を、声色であったり、表情であったり、態度であったり、言語ではなく非言語で伝えることが抜群に上手いんです。

ガサツ女子の愛情表現なんてすぐに言葉に頼って玉砕覚悟の告白をしたりして、そして見事に玉砕してその恋は終了だったりするじゃないですか。でも**あざとい女は直接的な言葉は絶対に言わないので、男性もハッキリ断ることができなくて、ほぼ無制限に愛情を捧げることができてしまうんです。**

そしてその捧げた愛情が一滴一滴と男性の「恋愛感情の器」に貯蓄され、その器が満たされたところで恋愛感情に火が付き、その恋愛は成就するというわけですね。モテるわけですよ、**決して断れない愛情をずっと捧げている**わけですからね。

実は恋愛が下手くそな女性に足りないのがこの非言語の愛情表現。あざとい女とは対照的に、好意を悟られないように警戒しているので、声色や表情や態度からは何も愛情が伝わっていないんです。でも本人はいっちょまえに思いを募らせていて、その思いがマックスになった瞬間に衝動的に言葉で告白してしまうのですが、告白された方からしてみれば「えっ!?」という驚きしかないんですよね。昨日までただの友人知人だと思っていた人からいきなり「好きです」と言われたところで、その言葉を信用できる材料がないんですよ。

だから非言語の愛情表現が下手くそな女性は告白が上手くいかないことが多いんです。あざとい女から恋愛を学ぶのは癪《しゃく》に障るかもしれませんが、非言語の愛情表現だけは学んだ方がいいです。あいつらは顔で「好きです」って言えますからね。

結婚偏差値 58

問題31 ダメな女の「あ・い・う・え・お」。「お」の◯には何が入るでしょう。

「あ」甘えることができない女
「い」イライラする女
「う」疑う女
「え」遠慮する女
「お」◯◯◯◯◯女

正解は「追いかける」でした！

「あ」は、「甘えることができない女」。甘えることができないってかなり致命的な欠点です。なぜならそれによって一人で抱え込み、かえって面倒なことになってしまい、どうにもならない最悪の事態を招くことになる場合が多いからです。**早め早めに甘えることが最悪の事態を避ける最善の手**だと思ってください。

次の「い」は「イライラする女」。イライラはその人に依存している証、**すぐにイライラする女性は依存体質な人です。**元々は違う人間同士ということを忘れ、決して越えてはいけない「他人」という境界線を越えてしまうと「自分の思い通りに動いてくれて当たり前」という驕りが生じてイライラしてしまうのです。どんなに蜜月な関係になっても「他人」ということは決して忘れないように。

「う」は、「疑う女」。信じようとすればするほど疑ってしまうジレンマに苛《さいな》まれたりするものなのですが、疑わない人ってべつに「信じている」というわけでもなく、疑ってもいないし信じてもいないし、どちらにも傾かない「ちょうど真ん中」を維持しているんです。起こった事実を受け入れるだけ、それがどんな事実でも受け入れる覚悟があるから「疑わないこと」ができるんですよ。

「え」は、「遠慮する女」。遠慮と謙虚を履き違えている人がわりと多くて、「謙虚」はプラスなイメージを与えることができるのですが、「遠慮」はかえってマイナスなイメージを与えてしまうことが多いんです。**遠慮と謙虚の違いは「ごめん」と「ありがとう」の違い。**いちいち謝らなくて結構、素直に「ありがとう」と感謝するのが「謙虚」なのですよ。

そして最後は「お」、「追いかける女」。追いかける体質の女性は振り向いてくれそうもない人を好んで追いかけます。ですので、**対象となる人が振り向いてくれた瞬間に恋愛感情が冷めてしまう場合が多いんです。**自己評価の低い人に多く、恋愛対象として見られると「こんな自分を好きになるなんて頭おかしい」と思ってしまい、嫌悪してしまうわけですね。だから追いかける恋愛しかできないってことです。

結婚偏差値 58

問題32 ○に文字を入れて、文章を完成させてください。

「信用できないから○○するのではなく、○○するから信用できなくなってしまう」

正解は「束縛」でした。いい恋愛、いい結婚生活というのはお互いが自由です。約束事や束縛等は一切ありません。その気になればいつだって浮気や不倫ができてしまうほど自由な環境です。浮気や不倫をする自由もあれば、浮気や不倫をしない自由もあり、自由というのは必ず選択肢があるわけですね。

その選択肢から「しない自由」を選ぶのが自制心であり、「愛している」という意思表示になるわけです。束縛というものは自由を奪うものであり、「浮気や不倫をする自由」を奪い、選択の余地をなくそうと働き掛けるものです。浮気や不倫ができないように相手を支配しようとする行為が、束縛というわけですね。

その人を**束縛で支配することによって選択肢を奪ってしまうと、それは「浮気や不倫を**

しない」ではなく「浮気や不倫ができない」という状況になってしまうわけで、そこにはその人の意思が働く余地がなくなってしまいます。束縛によって浮気や不倫を阻止しても、そこから相手の意思が感じられなくなってしまうのです。

つまり束縛によって、「愛されている」という実感がなくなります。不信に陥ってしまう行為によって、不信感が肥大してさらに束縛がキツくなり、そしてさらに愛されている実感を失い、また不信感だけが大きくなる……という悪循環にしかならないものなんです。

「愛されたい、愛されたい」と願っているくせに、愛する機会を相手から奪ってしまうのが束縛というものなんですね。信用できないから束縛しているのではなく、束縛するから信用できなくなってしまうということです。

愛されたいと願うのなら選択肢は奪わないこと、自由を与えなければ愛されることは決してないということはよく覚えておいてください。人は自由の中でなければ自分にはなれない生き物ですからね、そういう意味で言えば恋愛こそがその人の人柄が遺憾なく発揮されるものなのです。

自由の中でする言動こそがその人そのもの、そこでデタラメな言動をする人ならそれまでってことですね。

結婚偏差値

58

問題33

○に当てはまる文字を入れて、正しい文章にしてください。

「いなくなって初めて気付くのが良い○○○、一緒にいて感じるのは悪い○○○」

正解は「存在感」でした。一人でいても二人でいるような安心感があるのが良い恋愛かもしれませんが、**二人でいても一人でいるような自由があるのが良い結婚になります。**一緒にリビングでくつろいでいても「あれ？　いたの？」と思うほど存在感が静かな人、そういう人が結婚相手として最適な人なのかもしれません。

存在自体がうるさい人っているじゃないですか、何も喋っていないのにそこにいるだけで存在を感じてしまい、「一人」になれない空間を作ってしまう人。何をするにもその人の存在を感じてしまい、一人のように自由に振る舞えない空間を作ってしまう人ですね。そういう人と一緒にいると、たとえそれが好きな人であっても窮屈な思いを感じてストレスが蓄積されてしまうんですよね。

郵 便 は が き

料金受取人払郵便

代々木局承認

1938

差出有効期間
2022年10月4日
まで

1 5 1 8 7 9 0

203

東京都渋谷区千駄ヶ谷 4 - 9 - 7

(株) 幻 冬 舎

書籍編集部宛

1518790203

ご住所 〒

都・道
府・県

お名前 フリガナ

メール

インターネットでも回答を受け付けております
https://www.gentosha.co.jp/e/

裏面のご感想を広告等、書籍の PR に使わせていただく場合がございます。

幻冬舎より、著者に関する新しいお知らせ・小社および関連会社、広告主からのご案内を送付することがあります。不要の場合は右の欄にレ印をご記入ください。

不要 □

本書をお買い上げいただき、誠にありがとうございました。
質問にお答えいただけたら幸いです。

◎ご購入いただいた本のタイトルをご記入ください。

『　　　　　　　　　　　　　　　　　　　　　　　　　』

★著者へのメッセージ、または本書のご感想をお書きください。

●本書をお求めになった動機は？
①著者が好きだから　②タイトルにひかれて　③テーマにひかれて
④カバーにひかれて　⑤帯のコピーにひかれて　⑥新聞で見て
⑦インターネットで知って　⑧売れてるから／話題だから
⑨役に立ちそうだから

生年月日	西暦　　　年　　月　　日（　　歳）男・女			
ご職業	①学生	②教員・研究職	③公務員	④農林漁業
	⑤専門・技術職	⑥自由業	⑦自営業	⑧会社役員
	⑨会社員	⑩専業主夫・主婦	⑪パート・アルバイト	
	⑫無職	⑬その他（　　　　　　　　　）		

このハガキは差出有効期間を過ぎても料金受取人払でお送りいただけます。

ご記入いただきました個人情報については、許可なく他の目的で使用することはありません。ご協力ありがとうございました。

人って一人では生きていけないくせに、一人の時間がなければ生きていけない矛盾した生き物ですから、お互いが「一人」になれる関係性でなければ生活を共にする結婚はできないということですね。

「うるさい」と感じることって言葉だけじゃなくて、非言語にも表れてしまうもので、言いたいことがあるのに我慢をして黙っている様、もしくは言いたいことを言葉で表現せずに足音や溜息等で表現する様、それらの非言語にもメッセージ性は生まれてしまいます。どれだけ沈黙していてもそのメッセージ性がその人の存在感となって、一人でくつろげる空間を阻害することになってしまうんです。

お互いが一人でくつろげる空間にするためには沈黙にメッセージがあってはいけないもので、そのためには言葉で意思疎通をしておく必要があります。言いたいことはちゃんと聞き合い、お互いを理解することによって沈黙はただの沈黙となり、お互いの一人の時間を阻害しない空間を作ることができるというわけです。

沈黙が心地いい関係というのは、お互いの存在感が静かな関係。いなくなって初めて気付く大きな存在感がそこにあるということですね。

結婚偏差値

58

問題34 ○に当てはまる文字を入れて、正しい文章にしてください。

「結婚すれば、○○が倍になる」

正解は「不安」でした。右目に「結」の字、左目に「婚」の字、両目合わせて「結婚」の文字を浮かび上がらせ、血眼になって婚活をしている女性を多く見かけます。「なぜそんなに結婚をしたいの？」と問い掛けると、だいたいの女性はこう答えます。「将来が不安だから」。老後に独りはイヤ。独りで生きていくには、経済力が心配、結婚をして親を安心させてあげたい……等々、不安の理由は様々ですが、彼女らは結婚に安心を求めているんですよね。

一生懸命になって婚活しているところ非常に申し訳ないのですが、批判を覚悟で私は勇気を出して彼女らに問いたい。「結婚をすれば安心できるとでも？」と。**結婚をすれば安心どころか、実際は不安が倍になる**んですよね。

老後になって二人同時にあの世へ旅立つことができればいいのですが、そんなことは叶わぬ幻想で、実際はどちらかが先に旅立ち、どちらかが後に旅立ち、別々にお別れすることになるんです。

自分が先に旅立つことになれば「この人は私がいないで大丈夫なのだろうか？」と不安になるし、相方が先に旅立つことになっても「私はこれから独りで大丈夫なのだろうか？」と不安になるし、どっちに転んでも不安になるんですよ。

子どもなんかできちゃったらもう大変、不安は10倍くらいに膨れ上がります。順番通りに行けば子どもより親が先に旅立つことになりますので、それを思うと残せるものは残して旅立ちたいし、そのためには自分勝手な欲求のままに生きていくことなんかできないし、なにより子どもの将来のことを考えると不安で不安で、「よし！　これで安心！」なんて息をつく暇もないんです。

その分、喜びも大きいのですが、**幸せの大きさと不安の大きさは一緒、幸せなら幸せなほど、不安も大きく膨れ上がっていく**ということです。結婚に安心を求めていたら大怪我をします。**結婚は不安を覚悟でするもの**ですからね。

結婚偏差値

58

問題35

○に当てはまる文字を入れて、正しい文章にしてください。

「夫婦円満の秘訣は、○○にできることは○○にすること」

正解は「別々」でした。結婚をしたら、旦那さんのお給料を妻が管理して、夕飯は一緒に食べて、寝るときは同じお布団で寝て、なんて夢を見ている人もいるのかもしれませんが、**「一緒」ってなかなかストレスになるもので、その小さなストレスが積み重なり夫婦不仲になってしまうことも多い**んですよね。そもそもなんで結婚をしたらお金から寝食まで一緒にしなければならないのでしょうか？　それって一体誰が決めたことなんでしょうか？　どんな時代背景のある価値観なのでしょうか？　これってもしかして昭和から更新されていない形骸化した価値観なんじゃないでしょうか？

今はもう女性も社会で活躍する時代ですので、お互いに必要な分だけ納金して財布は別々でいいんですよね。生活スタイルもお互いに違う場合がありますので、何がなんでも一緒に夕飯を食べる必要もないし、起きる時間も異なるので一緒に寝る必要もないんです。財布を別々にすれば、旦那さんも「お小遣い制」という無期懲役の刑罰から解放されるし、食事も別々にすれば、お互いの好き嫌いに囚《とら》われず好きなものを好きなときに食べられるし、寝床を別々にすれば、毎夜ベッドの領土争いをする必要もないし、エアコンの設定温度戦争をする必要もなくなるし、相手の目覚ましに起こされることもなくなるんです。

もっといえばトイレも別々にした方がお互いの好みに合わせてカスタマイズできますし、トイレットペーパーの芯に1周巻き付いている程度の紙を残し「私が最後じゃありませんけど?」みたいな無駄な駆け引きをする必要もなくなりますし、「飛び散るから小でも座ってしなさいと何度言えばわかるの!」という喧嘩もなくなるんです。

別々にできるところは別々にした方がお互いにとってハッピー、メリットしかないのに古い価値観に囚われて「一緒」にこだわるのって、無駄にストレスを生産しているだけなんですよ。テレビだって一家に1台から、一人1台になったじゃないですか、電話だって一家に1台から、一人1台になったじゃないですか。そうやって共同生活のストレスを軽減してきたじゃないですか。それと同じように個別にできることは個別にした方がストレスはなくなり、夫婦関係も良好になると思うのですが、いかがでしょうか?

結婚偏差値
59

問題36

婚活で捨てるべき三つのもの。ひとつは「不要な女友達」、ひとつは「私生活を侵食する仕事」、そしてもうひとつは一体なんでしょうか？

正解は「理想」でした。婚活中、まずは「不要な女友達」は捨てるべし。と言っても友達を全部捨てろという意味ではありません。**多すぎる人間関係は「時間」という財産を奪うものであり、友達が多すぎると単純に時間がなくなってしまう**んですよね。

一人の時間がなくなってしまうと人は自分を見失ってしまいますので、友達は自分を見失わない程度の人数に収めるべきなのです。

メンタルマネージメントのためにも一人の時間は絶対に必要です。人間関係は常に最適化していきましょう。**とくに陰口悪口グループとは真っ先に縁を切るように。**

そして次に「私生活を侵食する仕事」は捨ててください。残業は法令の範囲内でほどほどに、お持ち帰りもなるべく控えるように。仕事熱心なのはいいことだとは思いますが、

仕事は交感神経でするもので、恋愛は副交感神経でするものなので、仕事ばかりしていると交感神経が優位になる状態に偏ってしまい、恋愛モードになりにくい体質になってしまいます。

そうなるとせっかく素敵な人との出会いがあっても恋愛センサーは反応してくれませんからね。ちゃんと副交感神経にスイッチを切り替えてリラックスできる環境を生活に組み込むことは婚活に必須なんですよ。

そして最後に「理想」は捨てること。**恋愛で最も大事なものは「なんとなく」という不確かで曖昧なフィーリング**なんです。不確かで曖昧なフィーリングが確かな恋愛感情になるもので、そこに「理想」という確かなものがあると恋愛感情は不確かなものになってしまうんですよ。理想が高い・低いという問題ではなく、「理想」という概念そのものが恋愛感情の邪魔になってしまうということ。

理想は根こそぎ捨てて「好きになった人が理想の人」というスタイルで婚活に挑んだ方がフィーリングの感度は良くなるでしょう。

理想を求めるのは自分自身に対してだけで充分、他人に理想は求めないように注意してください。

結婚偏差値

59

問題37 ○に当てはまる文字を入れて、正しい文章にしてください。

結婚をするのなら、これだけは一致していなければヤバい価値観。それは、「共有する○に対する価値観」。

正解は「家」でした。 価値観は合わせるものではなく許し合うもの。価値観は違って当たり前、違う者同士が許し合うから、そこに愛情が生まれる。とは言うのですが、結婚をするのならこれだけは一致していなければヤバいという価値観があります。それは共有する家に対する価値観です。

私は昔から自分の部屋に人を入れるのが苦手で、親類や親友等の本当に気心が知れた人ならいいのですが、昨日今日知り合ったばかりの人を部屋に入れるのにはものっ凄い抵抗がありました。べつに見られて困るものがあるわけではなく、迷惑というわけでもなく、悪感情があるわけでもなく、ただ気を遣いすぎて疲れてしまう自分が嫌なんです。自分の部屋には入らなくても、家の中に両親のお客さんがいるだけでソワソワしてしまうほどのアレルギー持ちなんです。だから友達を集めて宅飲みとか絶対に無理で、お泊まりパーティーなんて錯乱してしまうと思います。

でも自分の家や部屋に友達を呼ぶのが好きな人っているじゃないですか。何かと言えばホームパーティーを開いてお客さんを招待するのが大好きな社交的な人。深い時間になれば「今日は泊まっていけよ」とカジュアルにお泊まりを勧めるアメリカ人みたいな人。

そういう人って素敵だなと思うし、なんなら憧れたりもするのですが、私みたいな引きこもりタイプと社交的なタイプが結婚をして一緒に暮らすとなると相性が最悪なんです。

引きこもりタイプに合わせて来客禁止にすると、社交的タイプの人はストレスを蓄積させてしまうし、社交的タイプの人に合わせて千客万来スタイルにすれば引きこもりタイプが発狂してしまうし、家ってひとつしかないから価値観が一致していないと必ずどちらかに精神的な負担が掛かってしまうんです。

実際にこの属性の違いで夫婦喧嘩が絶えない家庭がたくさんあるんです。中には別居や離婚をする夫婦もいるくらいです。共有する家の価値観だけは、一致していなければ結構ヤバいんですよ。

簡単・初級編

よく
がんばり
ました

LESSON 02

普通・中級編

結婚偏差値

60-65

結婚偏差値
60

問題38

「疎遠な友人」と掛けまして、「草食系男子」と解きます。さて、その心はなんでしょうか？

正解はどちらも「たよりない（便りない／頼りない）」でした。

「男は草食でいいんだよ、女の子はお花なんだから」という気色悪い言葉もありますが、恋愛対象としても結婚相手としても草食系の男性はあまりオススメできない物件です。

「草食系」というと「優しくて大人しくて扱いやすい男性」という印象を受ける女性も多いのかもしれませんが、結論から言えば草食系男子と付き合うと女性の負担が大きくなってしまうことが多いんですよ。

何がめんどくさいかって、責任感がないのがめんどくさいんですよね。自分からアプローチしないのは、その関係に責任を持ちたくないから。自分から女性に手を出さないのも、その関係に責任を持ちたくないから。自分が主導権を握らないのも、その関係に責任を持ちたくないから。**草食化してしまう理由は「責任を持ちたくない」という責任回避の心理が働いているから**なんです。

優しいわけではなく自己防衛のために草食化しているだけってことですね。だから結果的にその関係の責任はすべて女性が負うことになり、いずれその重責に潰されてしまうケースが多いんですよ。**責任回避の心理は女性にも多く散見されるもので、そういう女性は所謂「重い女」として男性から敬遠される存在になりがち**です。

一緒に幸せになるための責任を負わず、男に幸せにしてもらいたいだけの女。言葉で伝える責任を負わず、言わずとも察してほしいと願う女。責任を負うこともしないくせに、責任を取ってほしいという図々しい願望で男を消耗させ、挙げ句の果てには被害者意識全開でヒステリーを起こす女。

「草食系男子」も「重い女」も同じカテゴリに属する存在ですので、草食系男子は最も手を出してはいけない種族のひとつなんです。

パワータイプのオラオラ肉食系男子がいいわけではありませんが、誠実にその関係に責任を持って付き合ってくれる男性を選んだ方がいいということです。**「責任」という荷物は二人で半分ずつ持つのが理想の関係ですね。**

結婚偏差値

60

問題39

「呪いのビデオ」と掛けまして、「リモートワーク中の夫」と解きます。その心は一体なんでしょうか？

答えはどちらも「かんしょう（鑑賞／干渉）してはいけない」でした。コロナ禍によりリモートワークが推奨され働き方も変わり、家族と過ごす時間が長くなっている家庭もあるかと思います。ですが、一緒に過ごす時間が長くなることにより、妻が夫から雑な扱いを受けたり、夫が妻から汚物を見るような目で見られたり、夫婦の関係に不和が生じてしまう事案も多くあるようです。

旅行なんかでも一緒に過ごす時間が長くなることにより、喧嘩になってしまうことが多いのですが、この「一緒」というのがクセモノなんですよね。

とくにリモートワークは孤独との闘いですから「独り」に没入することが大前提にあり、「独り」にならなければ仕事ができないんです。**「独り」になるために人によって様々な儀**

式があり、「独り」になるまでに結構なエネルギーを消費するんですよ。

そしてやっと独りモードに没入できたところで話し掛けられると、リセットボタンを押されたかのように独りモードが解除されてしまうんですよね。

解除されてしまったら、またイチから独りモードになるための儀式を始めなければならないわけで、そこでまた余計なエネルギーを消費してしまうわけです。

それが度重なると、仕事そのものよりも独りモード没入のエネルギー消費量が大きくなり、仕事が進んでいないのに精神的な疲労が溜まるという地獄になってしまうわけです。

話の内容が大事な用事なら仕方ないとは思うのですが、「ねえねえ、蕎麦とうどんどっちが好き？」みたいな、もう本当にしょーもないことで話し掛けられると「どっちでもいいよ！」とイラッとしてしまうんですよね。

夢中でゲームをやっているときや映画に夢中になっているときに話し掛けられる嫌悪感と同じようなもの、「独りを邪魔するな！」という魂の叫びみたいなものですね。

大事なのはお互いに干渉しないこと。家にいるからといって「一緒」とは思わないで、お互いが独りであるかのように、お互いの独りを邪魔しないように努めることがリモートワークの鉄則なんですよ。

結婚偏差値
61

問題40

「アラサーの独身女性」と掛けまして、「駆け込んだ公衆トイレ」と解きます。さて、その心は？

正解はどちらも「あいて（相手／空いて）いないと焦るでしょう」でした。「30歳を過ぎて結婚できない女は問題あり」と、世の中ではまるで女の価値は30歳までかのように囁かれていたりするのですが、はたして本当にそうでしょうか？　私の周りにも30代の未婚女性がたくさんいますが、人として何か欠陥があるようにも思えないし、むしろ結婚に疲れてしまっている女性よりも若々しく30代を楽しんでいるようにも思えます。

でもその一方で、30歳という節目を境にめんどうくさい女になってしまう人がいるのも事実。20代の頃は素直で可愛かったのに、30歳を越したあたりから性格がねじ曲がって「問題ありの女」に成り下がる人も珍しくはありません。**30歳を境にますます人生を楽しむ女性と、30歳を境にみるみる劣化する女性、二極化が進んでいく年齢が「30」という数**

字なのかもしれませんね。

ではその差は一体なんなのでしょうか。それは、**「30歳を過ぎて結婚できない女は問題あり」という風評を真に受けているか否か。**30歳を過ぎて「問題ありの女」になってしまう女性というのは、この風評を過剰に意識している傾向にあります。

本当はそのままでいいのに、根も葉もない風評を気にしすぎて自信を喪失してしまい、そんな自分を正当化するために無駄に男性に求める理想を上げて「結婚ができないのは理想が高いから」と言い訳をしてみたり。結婚を無駄に焦って周りの人の幸せを素直に祝福できない嫉妬の塊になってしまったりするのです。

つまり女として何か問題があるから風評が生まれるのではなく、その風評が未婚アラサー女子を「問題ありの女」にしてしまっているということです。

30歳を過ぎてますます美しく若々しく人生をエンジョイしている女性というのはこの風評を屁とも思っていません。**風評を意識せず自分は自分として生きている結果、余裕のある大人としての魅力を手に入れた女性になる**のです。

20代の頃より美しく、自由で、楽しいのが本当の30代。**女性の本当のゴールデンタイムは20代ではなく、30代にあるもの**なのですよ。

結婚偏差値
61

問題41　○に言葉を当てはめて、ダメ男俳句を完成させてください。

「何がいい？」
答えはいつも
「○○○○○」

正解は「何でもいい」でした。毎日たくさんの恋愛相談を受けているのですが、その中で「彼がデートのプランなどを全く決めてくれない、何を言っても〝何でもいい〟でかわされてしまう」という相談が多く見られます。

一昔前は少し高飛車な女性がよく言うセリフだったのですが、最近では男性も乱用しているようですね。

しかも男性の場合は「何でもいい」というセリフを優しさとして言っている人も多く、悪意もなく女性に負担を掛けるので尚更タチが悪いのです。それは「お前の好きなところでいいよ」という意味なのでしょうけれども、それって**女性からしたら自分の歓送迎会を自分でセッティングするようなもので、そんな汗顔甚だしい真似はなかなかできないもの**

なのです。

「何でもいい」と言われても、どうしてもその人が喜ぶであろうプランを考えてしまうのが女の性、まるで会社の重役を接待するかのように頭を悩ませ心労を重ねてしまう女性も少なくありません。**「何でもいい」という答えは王様の優しさ、それは少し女性を見下している優しさなので、この答えを多用する男性は自分本位なダメ男が多い**のですよ。

賢明な男性は「何がいい？」と聞かれても決して「何でもいい」とは言いません。なぜなら彼女が自分を喜ばそうと考えてくれていることを知っているからです。**彼女が自分を喜ばそうとしてくれている、ならば自分は彼女が喜びそうなプランを考えてあげなければ、という対等な優しさを持っているのがイケメン**なのです。

女は男を思いやり頭を悩ませ、男は女を思いやり頭を悩ませ、そうやって二人で導き出した答えにデートの価値はあるのです。どこに行くのかは問題ではなく、その過程に愛があるかどうかが試されるということですね。

「何でもいい」と言う無責任な優しさに愛などありません。**男性が「何でもいい」を多用するようになったら要注意**だと思ってください。

結婚偏差値
61

問題42 ○に当てはまる言葉を入れて、正しい文章にしてください。

その人の知性は、本棚に出る。
その人の感性は、好きな音楽に出る。
その人の性癖は、食事に出る。
その人の理性は、お金遣いに出る。
その人の本音は、○○○に出る。

正解は「SNS」でした。恋人同士でLINE等のコミュニケーションツールを利用することはもはやスタンダードになっていますが、InstagramやFacebookなどのSNSってわりと恋人同士でも相互フォローしていないケースが多いんですよね。

SNSを利用していても「やっていないよ」と嘘をついてみたり、相互フォローしていても実は恋人にも秘密の裏アカウントがあったり、本音の吐き出し場所としてSNSを利用している人が多いようです。

でも女の執念なんですかね、彼氏の秘密のアカウントを友人等のフォロワーからひとつひとつ、しらみ潰しで探し出してみたり、検索ワードを巧みに使って探し出してみたり、秘密のアカウントを彼氏に内緒で監視している女性も多いようですね。そしてその秘密のアカウントから自分に対する愚痴や不満を見つけてしまい、不信に陥って頭を抱えている女性も多いようですよ。

本音って排泄物みたいなもので、違う人間同士が付き合っていればどうしても溜まってしまうものであり、それを吐き出すことは健全な心身を保つために必要なことなんです。

だったら直接話し合えばいいじゃないかとも思うのですが、いちいち細かい愚痴や不満を言っていたらキリがないんですよね。大事なことは話し合うべきだとは思うのですが、排泄物のような愚痴や不満は結構どうでもいい小さな小さなものが多いんですよ。

しかし小さなことでもチリツモで溜まれば吐き出し口が欲しくなるものでして、そういう意味で言えばＳＮＳって本音という名の排泄物の格好のトイレなんです。そこで排泄欲求を満たしてスッキリ爽やかになってくれたら安いもの。

秘密のＳＮＳに自分に対する愚痴や不満が書き込んであったからといってそんなに悩む必要はありません。というか、秘密にしているＳＮＳをこっそり覗き見る行為はエチケット違反。恋人といえども、トイレとＳＮＳは覗くべからず。**どんなに高級で美味しい料理を頂いても、出るものは出るんですよ。**

結婚偏差値
61

問題43

「大嫌いな人」と掛けまして、「大好きな人」と解きます。その心は、一体なんでしょうか？

正解はどちらも「もうはなしたくない（話したくない／離したくない）」でした。愛し合うことは話し合うこと、話をしなくなった関係はもうおしまい。その**関係を繋ぐものは、心とか気持ちとかではなく「話」です。**

歳をとればいずれ身体の関係はなくなってしまいますが、**話は一生するもの**ですからね。そういう意味ではセックスレスより、トークレスの方が男女間において深刻な問題なのです。話をするためにはある程度のコミュニケーション能力がなければならないものですが、女性はコミュニケーションが苦手な人が多いようです。

ありがちなのが**「話を聞いてほしいだけ」「意見は求めていない」という、男性に聞き役だけを求める女性。**ですが、同調しか求めていないコミュニケーションは男性にとって大きな負担、自分の意見を言えないコミュニケーションなんて朝礼の校長の長話くらい苦痛です。

次にありがちなのが「話をすれば自分の意見が通る」と思っている女性。**彼女たちの「話し合い」というのは、自分の意見を押し通すためのもので、異論は一切認めない話し合い**なんですね。言いたいことの言い合いになってしまうコミュニケーションなので、それはもう「話し合い」というよりも「喧嘩」に近いものなんです。**話し合いは、言い合いではなく聞き合い**ですので、自分の意見を押し通すためのコミュニケーションなんて、コミュニケーションではないんですよ。

語彙《ごい》力のない女性も同じです。状況説明が下手で、感情を言葉にしてアウトプットするのが非常に苦手。伝えたいことも上手く伝えられずにストレスを溜めて、定期的に感情を爆発させ大暴れをするタイプですね。

ストレスというのは、ほぼ「言えないこと」でできています。言いたいことを言葉にできる語彙力がなければストレスは溜まるということですね。

コミュニケーション能力を身につければ、話したくない女から、離したくない女になります。聞く力と表現する力を身につけて、その関係を守っていってください。

結婚偏差値

61

問題44 ○に当てはまる文字を入れて、正しい文章にしてください。

「その人のセックスは、その人の○○を見ればわかる」

正解は「食事」でした。恋愛で大切な相性のひとつに「身体の相性」がありますよね。

気になる人ができたら少し関心のあるところですが、こればっかりは一度夜を共にしなければわからない、鬼が出るか蛇が出るか、吉と出るか凶と出るか、運任せで賽《さい》を振るだけのギャンブルに打って出るしかないと思いがちなのですが、実はセックスをしなくてもある程度は身体の相性を窺い知れる方法があるんです。

それがズバリ「食事」です。**性と食というのは繋がっているもので、その人の「食」をよく観察すれば、その人がどんなセックスをするのかがだいたいわかります。**

食欲旺盛な人は性欲も旺盛な人だし、少食な人は性欲もあまりない人だし、ガツガツ食べる人はセックスもガツガツする人だし、食べ方が綺麗な人はセックスも丁寧な人だし、食べ方が汚い人はセックスも雑な人だし、一緒に食べていてもさっさと自分だけ食事を済ませてしまう人はセックスも独りよがりでさっさと終わらせてしまう人だし、女性の食べるスピードに合わせて食事をしてくれる人はセックスもちゃんと女性のことを考えてしてくれる人だし、偏食な人はセックスの好みも偏っているし、食に好き嫌いがあまりない人はセックスもオールラウンダーでバリエーションも豊富な人だし、カロリーの高い食事を好む人は濃いめのセックスを好む人だし、低カロリーな食事を好む人はセックスもわりと淡白な人だし、盛り付けが綺麗な料理が好きな人はセックスの相手も見た目重視な人だし、盛り付け云々よりも味を重視する人はセックスの相手も中身重視な人だし、よく喋りながら食事をする人はセックスの最中もよく喋るし、黙々と食べる人はセックスも黙々とやるし、甘いものが好きな人は甘いセックスを好むし、辛いものが好きな人は刺激的なセックスを好むし、ストレスで食べてしまう人はストレスで性欲も高まる人だし、ストレスで食欲がなくなってしまう人はストレスで性欲もなくなってしまう人なんですよ。

　食を見れば性が見える。だから、**気になる人とはベッドに入る前に食事をした方がいい**ということですね。

結婚偏差値
63

問題45
◯に文字を入れて、正しい文章を完成させてください。

男に愛されているかどうかを確認する方法。それは、その男と◯◯◯◯をすることです。

正解は「同じこと」でした。他人が何を感じ、何を考え、何を求めているのか。そんなことはエスパーでもない限りわかりません。たとえ相手が長年連れ添った配偶者でもわかりません。何も言わずとも通じ合える関係なんて幻想です。

人は人と接するとき、自分をサンプルにするしかないんですよね。好きな人には自分がされたら嬉しいことをしたり、自分が言われたら嬉しいことを言ったり、または自分がされて嫌なことはしない、自分が言われて嫌なことは言わない、というような言動を取るもの。それが好意というものなのです。つまり**好きな人に対する言動というのは「自分はこんなことをされたら嬉しいですよ、こんなことを言われたら嬉しいですよ」という自己紹介をしているようなもの**なんですね。

女性が悩んでいるとき黙って放っておく男性は、自分が悩んだときも黙って放っておいてほしいと思っていなければダメです。もしそれで文句を言う男性なら、その男性はあなたを愛してはいません。なぜなら自分がされて腹が立つことを彼女にしているからです。

彼女を執拗にからかったりいじったりして楽しむ男性は、自分がからかわれたりいじられたりすることを快く受け入れなければダメです。もしそれで怒るような男性なら、その男性はあなたを愛してはいません。なぜなら自分がされて怒るようなことを彼女にしているからです。

そのあたりの整合性が取れていない男性は、自分がされて嬉しいことだけを彼女に求めている自分本位な男であり、それは恋愛感情というよりも所有欲だけで付き合っている関係なのかもしれません。

愛されたいだけで愛さない男は、女を幸せにする能力なんてありません。同じことをしてプンスカおへそを曲げるような男には、とっとと見切りをつけてダッシュで逃げた方がいいのかもしれませんね。

結婚偏差値 63

問題46

「正しい思いやり」と掛けまして、「今日からTwitterを始める人」と解きます。さて、その心は？

正解は、「まずは好きな人をフォローしてください」でした。「思いやり」と「お節介」は違います。男性は思いやりのある女性は好きですが、お節介な女は嫌いです。

では、その違いは一体なんなのでしょうか？　正解は**「お節介は上から、思いやりは横から」**です。お節介な女性に抱く嫌悪感は、上から目線で世話を焼いてくるところから生じるものでして、頼んでもいないことを勝手にやって上から感謝を要求してくるのがイヤなんですよね。

女性にありがちなのが、彼氏の部屋に転がり込んで、頼んでもいないのにご飯を作ったり、頼んでもいないのに部屋を掃除したり、頼んでもいないのに洗濯をしたりすること。

そして挙げ句の果てには「ちゃんとしなきゃダメでしょ！」なんて彼氏に説教をぶちかま

す始末。上の立場になるために善意を押し売りして、そしてトップロープから思いっきりダイブしてマウントを取りにいく手段ですね。

男性からしてみればそれは本来ありがたいことですから邪険にすることもできない、それが悪意なら反発することもできるのに、まがりなりにも善意なので「ありがとう……」と言わざるを得ない。防御をすることもできずに彼女の軍門に降るしか選択肢はなく、男性にとって最も厄介なのが「お節介な女」なんですよ。

「思いやり」というのは上からではなく横から。支配することが目的ではなく、対等な立場であるように努めるのが思いやりなんですよね。男を支配することもなく、男に支配されることもなく、上から目線でもなければ下から目線でもない「横から目線」でフォローできるのが「思いやり」なんですよ。

男と女は違う人間同士ですが同じ他人同士です、**対等であるためには決して「他人」という境界線を越えないこと。**その境界線を越えてしまうと、女は男の母親役になってしまいお節介なマウントBBA女子と化してしまうのですよ。

「あなたのために」と上から善意を押し売りするのではなく、その人が「自分のために」と努力していること、そのフォロー（お手伝い）をしてあげるのが思いやりなのです。

結婚偏差値
65

問題47 ダメな男の「は・ひ・ふ・へ・ほ」。「ほ」の○には何が入るでしょう。

「は」話のできない男はやめておけ
「ひ」秘密を守れない男はやめておけ
「ふ」不潔な男はやめておけ
「へ」変化しない男はやめておけ
「ほ」○○○○男はやめておけ

正解は「褒めない」男はやめておけ、でした。それではひとつずつ説明していきましょう！

「は」話のできない男はやめておけ。しているようでしていないのが話。とくに男性はふざけることはしても真面目な話は敬遠する傾向があります。

真面目な話ができない男性は肝心なことを女性に丸投げする傾向があり、いざとなると逆ギレするモラハラタイプが多いです。

簡単に言えばお子様男子、女性を母親代わりにしようとする傾向があるのでまともな恋愛はできないでしょう。

「ひ」秘密を守れない男はやめておけ。友達等の「ここだけの話」や企業秘密等をペラペラと吹聴する男性は信用のおけない男性です。女性に多い印象を受けますが、実は男性にも秘密を守れない人は多いんですよ。

口が軽い人は自己保身のために人を平気で裏切ります。考え方が自己中心的で世界で一番自分が大切な人種、他人に対する思いやりというものが希薄なのでいざとなれば恋人でも親友でも裏切ります。

守秘義務をしっかり守る責任感のある男性は、恋愛でも恋人を思いやることのできる責任感を持っているんですよ。

「ふ」不潔な男はやめておけ。「清潔感」というのは身なりだけのことではありません。清潔感は生活習慣から作られるもの、**生活習慣が綺麗に整っていれば心も綺麗に整うもの、心が整っていれば顔つきや身なりも綺麗に整うもの**です。

逆に生活習慣が乱れると心も乱れ、顔つきや身なりも乱れていくもの、不潔な男性は生活からすでに不潔ってことです。お金の遣い方や遊び方、言葉遣いや交友関係、そこに品のある人は例外なく身なりや顔つきも品があり清潔感もあります。

着目すべきはそこ、身なりだけ整えて偽っていてもそこに品のない人は不潔でだらしない男性が多いので気をつけてください。

「へ」変化しない男はやめておけ。人は人に影響を受けて変化を繰り返し進化していく生き物。とくに恋人の存在は大きなもので、そこに敬意があればプラスの方向に変化していくものなんです。

変わらないということは恋人に対する敬意がないということ、気持ちのどこかで女性を見下している男性に多い傾向です。

至らない点を指摘しても「俺はこういう人間だ」と居直る始末。何を言っても聞く耳を持たない頑固な昭和タイプの俺様で、いつもひとつ上から物を言う、対等に付き合えないタイプ。

それを「頼もしい、男らしい」と盲信しているので手に負えないんですよね。お互いがお互いに歩み寄るように変化し合っていく恋愛でなければ女ばかりが疲れるだけです。

「ほ」褒めない男はやめておけ。女性は「可愛いね」と言われればどんどん可愛い女性になっていきます。「綺麗だね」と言われればどんどん綺麗な女性になっていきます。「うるさいな！」と言われればどんどんうるさい女になっていくし、「ワガママだな！」と言われればどんどんワガママな女になっていくし、惚れた男に言われた通りに変化していくのが女性の性。

女を捨てたくなければ、女として褒めてくれる男性を選んだ方が幸せな恋愛ができるでしょう。

結婚偏差値

65

問題48

「結婚してから老けてしまった女性」と掛けまして、「冬場の消防士」と解きます。さて、その心は？

正解はどちらも「毎日かじ（家事／火事）で大忙し」でした。日本の男性って世界一家事をしないらしいですね。専業主婦が当たり前だった時代は、女性が家事をやって当たり前だったんでしょうけども、今は女性も社会で活躍して当たり前の時代。

「家事は女がやるもの」という古い価値観は今の時代にマッチしていません。外で働いて、家で家事をこなしていると時間が足りなくなるんですよね。何かの時間を削らなければ家事なんてできなくなってしまうんですよ。

何の時間を犠牲にして家事に充てるかといったら「女を磨く時間」なんです。**女が女であるためには手間暇が必要なもの。**少しサボれば女はみるみる劣化していってしまうんです。男性が家事を幾らか負担してくれないと、女性は女であることを放棄せざるを得なくなってしまいます。

しかも家事をしない男性に限って、女であることを犠牲にしてまで家事をこなしている奥さんを見て、「昔はあんなに綺麗だったのに、昔はあんなに可愛かったのに」と愚痴をこぼすんですよ。挙げ句の果てには綺麗で可愛らしい女を求めて街を徘徊する始末。**家事をしない男性は浮気率も高いという傾向もある**んですよ。

結婚してもいつまでも若々しい女性の旦那さんは、だいたいは家事に積極的に参加している男性です。女が女であるための時間を作ることができるので、いつまでも若々しく女を保つことができるんですね。そしていつまでも若々しい女性に男性はいつまでも愛を注いでくれるわけです。結婚しても若々しい女性と、結婚をして老けてしまう女性の違いは、ここにあるんです。**家事に積極的な男性と結婚した方が、女を捨てることもなく夫婦円満でいることができる**ってことですね。

それでは最後にもうひとつ謎掛けを。よくできた旦那さんと掛けまして、船酔いしない船旅と解きます。その心は「どちらもかじ（家事／舵）が上手い」でしょう。お後がよろしいようで。

結婚偏差値

65

問題49

「美人でもブスでもない普通の女」と掛けまして、「365日、年中夏休み」と解きます。さて、その心は？

正解はどちらも「あき（飽き／秋）がこないでしょう」でした。まず最初に、美人とかブスというのは外見のことではなく、内面を含めたトータルなものなので悪しからず。それを踏まえて、**男性が飽きてしまう女性というのは「普通ではない女性」**です。

想像を絶するほど高貴な女性だったり、常軌を逸するほど下劣な女性だったり、普通という許容範囲を超えた女性と付き合うと、初めのうちは刺激的なのかもしれませんが、次第に自分が思う普通とは掛け離れていることに白けて、飽きてしまうのです。

人は「普通」と思えることしか続かない生き物であり、普通こそが普遍的なものであり、良くも悪くもない「普通」と思える女性こそが、普遍的に愛せる女性なんです。男性にとっての理想の女性とは、とびっきりのいい女ではなく、実は至って普通の女性なんですよ。
ですから無理していい女にならなくていいし、自分の悪いところを必死に隠さなくてもいいし、どこにも力を入れずに普通の自分であり続けることが、生涯、相手の男性と共に生きていくための秘訣なのです。

ザ・リッツ・カールトンのスイートルームもいいけど、やっぱり我が家が一番落ち着くじゃないですか。ふかふかのお姫様ベッドもいいけど、やっぱりいつものお布団が一番よく眠れるじゃないですか。ハイブランドのスーツやドレスも素敵だけど、やっぱり着古した部屋着が一番楽じゃないですか。

人も同じで、情熱的に高熱にうなされているような気持ちよりも、平熱で普通に好きだという気持ちの方が心地いいじゃないですか。

普通の自分で普通に好きと思える人でないと恋愛は続かないものです。**恋愛においては普通こそが最高であり、普通こそが唯一無二の価値になる**ということですね。

結婚偏差値
65

問題50

潔白な人は白、浮気をした人が黒、どちらとも取れない人はグレー。

白、黒、グレー。誠実な男の順番に並べてください。

正解は「白、黒、グレー」でした。風俗は浮気か否か、異性の友達と二人きりで遊びに行くのは浮気か否か、肉体関係がなければ浮気ではないのか、または肉体関係だけの遊び友達は浮気ではないのか……。浮気の定義ってイマイチ曖昧で、いまだ白熱した議論が絶えないのですが、正直に言って浮気なら、別れるなり説教して許すなり、それなりの措置ができるのでスッキリするんですよね。

もちろん浮気はしない方がいいのですが、浮気をするのなら誰がどう見ても「浮気」とわかる、弁解の余地もない真っ黒な人の方がむしろ潔さを感じるんですよ。

一番タチが悪いのは白でもなく黒でもない、グレーな場所での立ち振る舞い。「浮気だ！」と詰めることもできず、「浮気じゃない！」と信じることもできず、再構築のために話し合うこともできないし、別れの理由としても決め手に欠けているし、前にも後ろにも右にも左にも行けない生殺しの状態。グレーの位置にいられると我慢をすることしか対処法がなくて、静かに確実にメンタルは病んでいくんですよね。

「一番いいのは白、一番悪いのは黒、グレーは黒より悪くない」と思うかもしれませんが、実はグレーが最も地獄なんです。相手にとって最も酷い仕打ちがグレーな行いですから、

浮気かどうかもよくわからない曖昧な行動をする奴が最も酷い奴ということですね。

好きな人って、傷付けたくない人じゃないですか。だから本当にその人のことが好きならば、その人を最も傷付けるグレーな行動は絶対にできないはずなんです。

異性と二人きりで遊びに行くことも、風俗で遊ぶことも、厳密に言えば浮気ではないのかもしれません。でも「浮気じゃないからやっていい」とは思わないんです。

浮気か否かなんて問題ではなく、その人を傷付けてしまうか否かの問題ですから、その人のことが好きなら決してグレーなことはしないんですよ。

浮気かどうかもわからない曖昧な行動を取るということは、それはもう「私はあなたを愛していません」という宣言みたいなものということです。

普通・中級編

たいへん
よくでき
ました

LESSON 03

難関・上級編

結婚偏差値

66-75

結婚偏差値 66

問題51

「仲の良い夫婦」と掛けまして、「美味しい肉じゃがを作る秘訣」と解きます。さて、その心は？

正解はどちらも「よくにる（似る／煮る）」でした！

「長年付き合っていると顔まで似てくる」というのですが、これって本当なんですよね。

正確に言えば〝顔〟ではなく〝顔つき〟が似てくるわけですが、これはその関係が良好であることを証明するものなんですよ。

好きな人の好きなところというのは自分にはない尊敬できるところで、その尊敬できるところから影響を受けて、自分を変化させていく心理が働くんですね。

お互いがお互いに敬意を抱き合うことによって、お互いがお互いに影響を与え合い、お互いがお互いに近付くように変化していくということです。

内面的にシンクロしていくことによって、外見（顔つき）まで似てくるということですね。**「似てる」ということはお互いがお互いをリスペクトしている証。**だから仲の良い夫婦ほど「同じ工場で生産されたんじゃないの？」と思うほど顔（顔つき）が似ていたりするんですよ。

逆に不仲な夫婦というのはお互いが故意に似ないように反発し合っている印象を受けます。相手が「白」と言えば自分は「黒」と言ってしまう関係なので、たとえ自分も「白」と思っていても「相手と同じはイヤ！」というだけで反射的に「黒」と言ってしまうんですね。**相手に対して敬意がないと、類似性を拒否して相手とは全く別の存在になろうとする心理が働きます**ので、長く付き合っていても似ることはなく、むしろ別々の顔つきになってしまうんです。

好きなだけで敬意がないといずれその関係は冷めてしまい、水と油のように反発するだけの関係になってしまうってことです。恋は揚げ物、結婚は煮物。身を焦がす高温の油で揚げた恋は、揚げたては旨いが冷めると不味い。

長く愛する秘訣は身を焦がさないように弱火でコトコトじっくり煮込むこと。一生を添い遂げるのなら一生を掛けて煮ていく（似ていく）ことが結婚の心得ですかね（上手い！）。

結婚偏差値

67

問題52　◯に当てはまる言葉を入れて、正しい文章にしてください。

結婚をするのなら、恋人にはなれても、◯◯になれない人はやめておけ。

正解は「親友」でした！　恋愛対象となる人は「異性としてどうなのか」という基準が大切になってくると思うのですが、結婚を視野に入れるのならそれだけでは足りません。**「この人がもし同性だったとしたら親友になれるかどうか」という基準が大切**になってきます。

結婚というのはとくに長い付き合いになるわけで、ある意味倦怠期というのは避けて通れないものです。しかもそれは一度や二度ではありません、**何度乗り越えても倦怠期というのは度々襲ってくるもの**なんです。

そのときに重要になるのが「親友」という関係性。異性として好きかどうかに迷いが生じても、**親友という関係性が成立していれば難なくその倦怠期は乗り越えられる**ものなんですよ。恋愛感情というのは結構ムラがあるもので、好きになったりそうでもなくなったり、波が激しく一定しないものなんですね。

でも友情というのはわりと安定しているもので、あまり衝動的な感情に左右されるものでもありません。親友という関係性がなく恋愛感情だけで付き合っていると、上下する恋愛感情に振り回されて精神的にも疲れてしまいますし、恋愛感情が底辺まで落ち込んだときにその関係を繋ぎ止めるものがなくなってしまいます。飽和した関係性に倦怠感だけが募り、退屈凌ぎに違う異性に刺激を求めてしまったり、または退屈な毎日に耐えられずに別れてしまったり……。

親友という関係性が成立していないと残念な結果になってしまうことが多いんですよ。結婚も長くなると恋人としての関係性でいるよりも、親友としての関係性でいる方が長くなったりします。

割合としては「親友ときどき恋人」といったところでしょうか。たまに恋人としてラブラブイチャイチャする程度で、後はほとんど親友として付き合っている割合の方が多いです。もしかしたらこの先はもっと親友でいる時間の方が長くなるのかもしれません。

でもそれでいいんです、**親友という関係性は生涯壊れることのない関係性**ですからね。

結婚偏差値

67

問題 53

「いい女の特徴」と掛けまして、「視力2・0のアキラくん」と解きます。さて、その心は？

正解はどちらも「あきらめ（諦め／アキラ目）がいいでしょう」でした！ 付き合いも長くなるとパートナーへの不満が幾つか出てきます。「遅くなるのなら早めに連絡くらいよこせよ」とか「坊主頭のくせに私のお高いシャンプー使うなよ」とか「洗面台の鏡に歯磨き粉飛ばすなよ」とか……。

不満はそれぞれですが**パートナーへの不満はひとつやふたつ、三つや四つあって当たり前**だと思います。それについて苦言を呈するのは悪いことではないと思うのですが、何を目的に苦言を呈しているのかというところに、いい女とダメな女の違いがあるんですよね。

いい女は、諦めるために苦言を呈します。言ってスッキリすることが目的なので、その不満の原因を改めさせようとは思っていません。許せることとならば「しょうがねえな、もう！」とさっさと諦めて終わりにする心積もりです。それがどうしても許せない悪行だったとしたら、別れて諦めることを選択するでしょう。

しかし**ダメな女は、男のダメなところを変えようとします。**小さな不満も諦めることができずに「ここさえ直してくれたら愛せるのに」と、自分が愛するに値する男に変えようとしてしまうわけですね。そして男性がその悪いところを直してくれたとします。しかし今度はまた違う不満が生じて、また「ここさえ直してくれたら愛せるのに」と、さらに男性を変えようとするのです。

このときはもう女性はその男性のことを愛してはいません。不満な点を直しても直しても愛することができないのは、もうその人ではない違う誰かを求めているから。その人ではない違う誰かに改造するために苦言を呈しているだけなのです。

人は決して今の自分と違う誰かにはなれないもの。**その人ではない違う誰かに変えようとしている時点で、もうその人のことは愛していない**んですよね。

「愛する」とは許容すること、不満のひとつやふたつは諦めてあげることが「愛する」ということなのですよ。

結婚偏差値
67

問題54 ○に当てはまる2文字を入れて、正しい文章にしてください。

「自由を好み、一人を愛する、○○女子が、男性に好まれる」

正解は「野良」でした。休日は、誰に縛られるでもなく自由を好み一人を愛し、まるで野生に還ったかのように「おひとりさま」を謳歌《おうか》する野良女子が増えているように感じます。**平日は会社という名の組織に属しているわけですから、休日くらいは誰にも縛られず一人になって自由を謳歌したい**のでしょう。女性というと群れるイメージがあるかもしれませんが、女性も社会で活躍する時代になり「もう群れは懲り懲り」と組織に辟易しているのかもしれません。一人焼肉、一人カラオケ、一人映画に一人テーマパークなどなど、首輪を外して野良になり、心ゆくまで一人遊びを謳歌する野良の女子が散見されますね。

それは社会で戦う戦士にとってとても良いことで自立心の表れでもあるのですが、そんな野良女子にも弱点があります。それは「恋愛が苦手」ということ。**野良女子にも淡い恋**

愛願望や結婚願望はあるのですが、どうしても「めんどくさい」に勝てないんですよね。平日は仕事に従事して、休日は彼氏に捧げなきゃならないと思うと、どうしようもなく拒絶反応が出てしまうんです。恋愛はしたい、あわよくば結婚もしたい、でもめんどくさい、という葛藤に悩まされ、そうこうしているうちに時間だけが残酷に過ぎ去っていくという感じです。

　でも安心してください、そんな野良女子にも相性の良い男性がいます。それは野良女子と同様、自由を好み一人を愛する野良男子です。というか、**男性はほぼ野良体質で、休日は放っておいてほしい、好きにさせてほしいという人が多く、本当は野良女子を好んでいる**んですよ。休日でもお互いに縛られることなく、お互いが自由を満喫していればいい、気が向いたときだけ一緒に遊べればそれでいい、という自由な関係。野良女子にしてみれば願ったり叶ったりの理想の関係を、世の中の男性の多くが望んでいるということです。

　手を伸ばせばすぐそこにチャンスがあることを忘れないように。恋愛をしても結婚をしても野良をやめる必要なんてないということは覚えていてください。

結婚偏差値

68

問題55 ○に当てはまる言葉を入れて、文章を完成させてください。

「男が最も嫌う女の性質は、○○がしつこいことである」

正解は「怒り」でした！ 女性は男性よりも記憶力がよいといわれ、中でも悪い出来事をよく覚えている傾向があるといわれています。

なぜならば、**男性よりも女性の方が感受性の強い生き物で傷付きやすくできている**から。同じ過ちを犯して同じ傷を負わないように、過去の悪い記憶を戒めとして残しておく危機管理能力が備わっているのだとか……。

だから女性は、過去の悪い記憶にあるシチュエーションと似たような展開になると、「女の勘」という悪い予感しか当たらない特殊能力を発動させたりするわけです。**女性は傷付きやすいがゆえに警戒心が強く、常に過去と今を照らし合わせて危機管理のアンテナを立てている**ようです。危機管理能力に長けているのは決して悪いことではないのですが、その感度が高すぎると悪い方に作用してしまうのもよくあること。そのひとつが「怒りがしつこい」ということです。

些細なことがひとつあっただけで、過去のことまで芋づる式に引っ張り出して怒りを増幅させてしまうのが、女性特有のヒステリー。過去に謝って解決したはずの出来事まで引っ張り出されて、また同じことで謝らなければならないわけですから、これには普段温厚な男性もさすがに閉口してしまいます。一見関連性のない過去の出来事にも小さな繋がりを見つけ出し次々と過去の過ちをサルベージしてしまうという、危機管理の感度が高すぎるゆえの弊害ですね。

しかし「怒り」というのは「感情の蓋」といわれているものでして、アウトプットしたい感情は別にあるものなんです。つまり怒りという感情で本当に出したい感情に蓋をしているということ。その感情が大きければ大きいほど、その感情に蓋をする怒りという感情も大きくなるんです。**過去の過ちまでサルベージして怒りを増幅させる女性のほとんどは、怒りの感情の下に「もっと愛されたい」という感情を隠し持っていることが多い**のです。

怒りたいわけではなく愛されたい、その自分の感情に気付けるか否かが大事。**しつこく怒るよりも素直に甘えた方が、女は愛される**と私は思いますけどね。

結婚偏差値

68

問題56

○に当てはまる言葉を入れて、正しい文章にしてください。

「いい男とは、若い女性にモテる男ではなく、○○の○○○○に可愛がってもらえる男である」

正解は「近所」の「おばちゃん」でした。人の本性とは、他人に対する態度に出ると言われています。**自分の人生に関与することのない人に対しての態度や言動が、その人の本性**なのです。他人だからといって塩対応したり見下したりする人の性格には、根本的に少し難があります。

自分の人生に関与するであろう人たちには、何らかの見返りを求めていい顔をしたり、スケベ心で格好をつけて若い女性に優しくしたりはできるのですが、何の見返りもない他人には欲求は働きませんからね。

欲求を差し引いた態度や言動が、スケベ心のない純粋なその人の性格と言えるでしょう。

ですので、他人に失礼な態度を取る人は、相手が好きな女性であっても、見返りがないとわかると途端に塩対応になったりします。釣った魚に餌をやらないのがこのタイプですね。

近所のおばちゃんというのは最も身近な赤の他人です。恋愛対象にもならない、友達というのも少し違う、仲良くなって何か得があるわけでもない、なんだったら別に挨拶しなくても不都合があるわけでもない、そんな純粋な他人です。

求めるものもなく明るく挨拶をしたり、求めるものもなく世間話に付き合ったりするなど、**近所のおばちゃんと無欲で仲良くなり愛される男性は根本的な性格が良く、好きな女性と付き合っても見返りを求めず純粋に愛し続けることができる**男性なんですよ。

若い女性にチヤホヤされる男性に女性人気が集中してしまいがちですが、そんなものは少し顔が整っていて嘘が上手ければ、ダメな男でも攻略できてしまう簡単なゲームです。

若い女性は騙せても、騙す必要のない近所のおばちゃんの目は騙せませんからね。

本当の意味での「いい男」というものは、近所のおばちゃんに可愛がってもらえる、中身がイケメンな男性のことを言うんですよ。

結婚偏差値

68

問題57 ◯に当てはまる文字を入れて、正しい文章にしてください。

「男性が結婚相手に選ぶのは、◯◯◯◯◯◯◯◯◯◯◯系女子である」

正解は「こういうのでいいんだよ」でした。こういうのでいいんだよ系、知っている人は知っているのかもしれませんが改めて説明いたします。

発祥は某グルメ漫画、主人公が定食屋でハンバーグランチを食べた際のセリフ「ほー、いいじゃないか、こういうのでいいんだよ、こういうので」。このセリフにインスパイアされたネット民が「こういうのでいいんだよ系ラーメン」とか「こういうのでいいんだよ系朝ごはん」とか、インスタ映えとは逆のベクトルである、気取りのない等身大かつ身の丈に合ったちょうどいいご飯の写真をアップするのが一時期流行りました。

男性って背伸びしたフレンチのフルコースより、定食屋の豚の生姜焼き定食が好きなんですよね。そりゃ見栄を張って高級フレンチレストランに行くこともありますが、結局はこういうのでいいんだよ系であるサバの味噌煮定食に返ってくるんです。

女性が目指す「いい女」って、料理にたとえると高級フレンチや高級イタリアンだったりするじゃないですか、オシャレ女子がインスタに上げるようなワンプレートランチだったりするじゃないですか、どうかすれば何の料理なのかもよくわからない見た目が煌《きら》びやかでお値段だけ高級な胡散臭い創作料理だったりするじゃないですか。

そういう女性ってモテるのかもしれないけど、結婚となると「うーん……」と二の足を踏まれてしまうんですよね。そして結局、男性はこういうのでいいんだよ系の女性と結婚をするんですよ。インスタ映えするような高級な料理って毎日食べるものじゃないんです、毎日食べるのならこういうのでいいんだよ系なんですよ。

女性も同じで**毎日一緒にいるのなら、気取る必要のない、等身大の自分でいることができる「こういうのでいいんだよ系女子」**なんです。

「自分磨き」と言うと、女性は一生懸命力を注いでフレンチやイタリアンになろうとする傾向があるのですが、それでは逆効果、頑張れば頑張るほど結婚は遠退いてしまいます。

どうせ力を注ぐのなら、近所の中華屋のラーメンライスになれるように、もしくはチャーハン餃子セットになれるように力を注いでください。

結婚偏差値70

問題58

「YES」か「NO」で答えるとしたら、あなたはどうしますか？

あなたは健やかなるときも、病めるときも、喜びのときも、悲しみのときも、富めるときも、貧しいときも、これを愛し、これを敬い、これを慰め、これを助け、その命ある限り、生涯愛することを誓いますか？

より幸せな結婚生活を続けていくための正解は「NO!」です。結婚式で、神父様が新郎新婦に向かって「生涯愛することを誓いますか？」と愛の誓いを促すわけですが、正直「生涯」ってピンと来ないんですよね。

便宜上「はいよ！」とは答えるわけですけども、心中ではイマイチ消化できないモヤモヤがあるわけです。そりゃもちろん生涯愛することができたらいいなという希望はあるし、そのための努力も惜しまないつもりなのですが、もしその誓いを破ったら天罰が下るシステムがあったとしたら、それはちょっと約束はできないんじゃないかなと思ってしまいます。まあ天罰など下らないであろうことはなんとなく知っているので、形式的な流れに従って「はいよ！」と誓っているだけというところはありますよね。

恋愛も結婚もそうなのですが、「生涯」なんてまだ見えない未来を誓うことはできなくて、実際のところ約束できるのはせいぜい1年くらいが限度なんですよ。でも生涯愛し続けるためには実は1年契約くらいがちょうどいいんです。

結婚記念日は契約終了するか、契約延長するかの審判の日にすること。生涯を誓ってしまうと、男性は安心しきって女性を口説くことをしなくなってしまう傾向がありますが、1年契約にすると次の契約のために一生懸命口説いてくれるんですよ。

女性も安心しきって女を捨てることなくいつまでも綺麗でいようとするモチベーションが生じるので、お互いにとって馴れ合いの関係になることもなくちょうどいい距離感でその関係を大事に扱っていくことができるんです。

そして結婚記念日の度にプロポーズをするという最高のイベントができるわけですね。これがなかなか楽しいイベントになるので、**ぜひ1年契約システムを試してみてください。**

生涯なんて誓わなくてもいいんです、1年1年、そしてまた1年、1年の積み重ねが生涯続けばいいだけですからね。

結婚偏差値70

問題59 浮気する男の「ま・み・む・め・も」。○に当てはまる文字はなに？

「ま」マメな男
「み」見栄っ張りな男
「む」無駄に友達が多い男
「め」目立ちたがりな男
「も」○○○男

正解は「モテる」男でした！ 浮気をしない人の浮気をしない理由は「めんどくさいから」というのが大半です。恋愛に対してそんなにマメではない人の方が、浮気をしない率は高い傾向にあります。もともと「恋愛はめんどくさい」という恋愛に対する熱量が低い人の方がちょうどいい温度なので、浮気のない健全な恋愛が続くケースが多いのですよ。そこら辺が**マメな男は浮気にも惜しみなく力を注ぐ傾向にあるので、マメな男の方が浮気率は高い傾向にある**わけですね。

そういう男ほど見栄っ張りなところがありまして、**分不相応な高価なハイブランドを好んで身に着けたり、少し見栄っ張りな嘘をつく傾向がある**のです。それは自分をいい男に見せようとしている心理作用、つまり自分をいい男として認めてもらいたいという承認欲求がもとになっている言動です。それは浮気の原動力になってしまう欲求なので、見栄っ張りな男も要注意ですね。

あと、**友達が無駄に多い男も要注意。**世間一般では友達が多いのはいいことだと認識されているのですが、そんなことはありません。**友達が無駄に多いのは人間関係を最適化できない証、一人になることができない自立心の欠けた精神的に未成熟な人に多い傾向。**なので、友達が無駄に多い人はなんだかんだで浮気相手になり得る人が常に何人かいるものなのですよ。

目立ちたがりな人も自分をどこかで偽っている場合が多く、一人が怖い寂しがりな人に多い傾向なので要注意ですね。

最後に「モテる男」なのですが、**モテる男といい男は違います。いい男は自分が惚れた女しか夢中にさせません。**他の女性には塩対応で恋愛感情が生じない距離を保っていることが多いので、それほど「モテる」ということはないのです。

モテる男は、なんだかんだで無駄にモテるように作為的に振る舞っています。これも男としての承認欲求が原動力になっているので浮気はお手の物なのですよ。

結婚偏差値

70

問題60

○に当てはまる言葉を入れて、文章を完成させてください。

「○○○女は惚れやすく、○○○○○男は冷めやすい」

正解は「尽くす、尽くされる」でした！　人には助けた人を好きになる心理作用があります。**助けてくれた人ではなく、助けた人を好きになるのが人**なのです。

人は矛盾を嫌うもので、その行動と気持ちに整合性を持たせようとする心理が働きます。嫌いな人を助けた場合「嫌いなのに助けた」という矛盾が生じますよね。その矛盾を解消するために、その人に好意を抱き「好きだから助けた」と、行動に整合性を持たせる心理が働くということです。

そのことを踏まえると、男性に尽くす女性は尽くせば尽くすほどその男性に惚れてしまいます。それはそれで決して悪いことではないのですが、往々にして尽くすタイプの女性というのは甘えるのが下手くそな性質を持っていて、一方的に尽くすだけの関係になってしまうことが多いんですよ。

世話好きなおかんタイプに多い傾向なのですが、**一方的に尽くすだけの関係になると恋愛感情は自分だけが燃え上がることになってしまいます。**男性は尽くす機会もなく尽くされるだけなので、その恋愛感情は日に日に下火になっていく一方。片や燃え上がり、片や冷めていくアンバランスな関係になって、女性は恋愛感情が絶頂のタイミングで男性に飽きられるという悲惨な結果になってしまうのです。

自身の恋愛感情を維持するためにも尽くすことは大事なことですが、尽くすだけではその関係は維持できないということ。

いつまでもラブラブチュッチュな関係でいたいのなら、たまには甘えたりワガママを言ってみたりすることも大切。男性に助けさせてあげるイベントを演出することも、尽くすことと同様に大事なのですよ。

助け合い尽くし合うことによってお互いの恋愛感情は維持されていくものなので、男性の手を借りずに何でも自分でやってしまうのはNG。**助け合いのバランスを上手に取っていくことが長続きの秘訣なんですよ。**

結婚偏差値
70

問題61 ダメ女短歌です。〇に文字を入れて、完成させてください。

ダメ女
仕事も恋も
結婚も
できない理由は
〇〇〇のせい

正解は「見た目」でした。ダメな女性、ネガティブな女性、病みがちな女性ほど、自分の容姿にこだわる傾向があります。まるで自分が美人でさえあれば、仕事も恋愛も結婚も上手くいくと思い込んでいるかのようです。**仕事も恋愛も結婚も、上手くいかないのはすべて自分の容姿が残念なせいだと思い込んでいるんです。**

仕事ができる人を見ても「あの人は美人だから」、幸せそうな恋愛をしている人を見ても「あの人は美人だから」、幸せそうな結婚をしている人を見ても「あの人は美人だから」。その人の中身やスキル、それに伴う努力も想像しないで、すべて「美人だから」で片付けてしまう節穴っぷり。他人の見た目を羨み嫉妬して、挙げ句の果てには「自分磨き」と称して見た目のみをいじくり回し、出来上がったのは原形のカケラもない完全なる美人のパロディ。それでいて「私は努力をしている！」と努力を押し売り、結果が出ないと「誰もわかってくれない……」と病む始末。結果なんて出るわけがないんですよ、だって努力の方向が結果の方に向いていないんですから。

見た目のアドバンテージなんてそれほど大きなものではありません。**中身で見た目をカバーすることはできるけど、見た目で中身をカバーすることはできない**んです。

仕事ができる女性が綺麗に見えるのは、見た目を補う仕事ができているから。恋愛をしている女性が綺麗に見えるのは、見た目を補う恋があるから。結婚をしている女性が綺麗に見えるのは、見た目を補う愛があるから。人の顔はその人のすべてが反映されるもので、綺麗に見える人というのは綺麗に見えるだけの中身を持ち合わせている人なんですよ。

眼に映るものがすべてではなく、言葉遣いやコミュニケーション能力、生活習慣や仕事の能力等、すべてが顔に反映されて見えるものなんです。外見だけ磨いても中身がポンコツならば見た目はポンコツなまま。寄ってくるのは中身を問わないクズ男だけです。

真の意味で美しくなりたいのなら、まずは中身から変えていかなければならないもの。外見は余った力で磨く程度で充分なんですよ。

結婚偏差値70

問題62 ○に当てはまる言葉を入れて、正しい文章にしてください。

「人の悩みは大きく分けて三つ、○○と○○と○○○○である」

正解は「健康」と「お金」と「人間関係」でした。それでは早速解説してみましょう。

健康とお金と人間関係（恋愛含む）、この三つの悩みにも優先順位がありまして、まずは健康が第一、そして次にお金、三番目に人間関係（恋愛含む）になります。**健康という土台があり、その上にお金という土台を築き、そしてピラミッドの頂点に人間関係（恋愛含む）が成り立つ**ということですね。

最も重要なのは健康で、お金を稼ぐために心身を壊すまで働くのはＮＧ。また心身に害になるような恋愛や人付き合いもＮＧです。健康という土台がしっかりしていないと、仕事も人間関係（恋愛含む）もバランスを失ってしまうので、まずは健康に害がない働き方と人付き合いを心掛けましょう。

そして次に大事なのがお金。あまりハッキリと言う人はいないのですが、お金は人間関係（恋愛含む）よりも大事、というかお金がないと人間関係（恋愛含む）が成り立たないんですよね。とくに結婚となるとお金は生命線、お金があったからといって幸せとは限りませんが、お金がないと必ず不幸になります。**お金は幸せになるためではなく、不幸にならないためのもの。**不幸にならない程度のお金がなければ、大事な人一人すら幸せにしてあげられないということです。健康という土台の上には人間関係（恋愛含む）の前に、健康を害さない程度のお金を積む努力を優先してください。

健康という土台ができ、お金という土台もしっかりしてくると、気持ちに余裕が生まれてきます。その余裕の分だけ人間関係（恋愛含む）に労力を捧げると、人は良い巡り合いに恵まれます。

健康やお金にダメージを与えるほど人間関係（恋愛含む）に労力を捧げてしまうと、人は必ず見返りを求めてしまいますからね。その見返りを求める気持ちがあらゆる人間関係（恋愛含む）を破壊してしまうんですよ。

第一に健康、第二にお金、余った力で人間関係（恋愛含む）、これが幸せの順番です。

結婚偏差値

70

問題63 ダメ男短歌です。○に文字を入れて、完成させてください。

ダメ男
何をやっても
両立できず
恋も仕事も
○○○○○○○

正解は「シングルタスク」でした。「女はマルチタスク、男はシングルタスク」という言葉を聞いたことがありませんか？　女性は複数のことを同時進行できて、男性はひとつのことだけに集中する、なんて言われているのですけども。

「いい男」というのは例外なくマルチタスクな能力を持っていて、仕事もバリバリやるし、家事も率先してやるし、子どもがいれば子育ても積極的にやるし、実にマルチに活躍する能力を多く持っているんです。

対して**ダメ男というのはだいたい根っからのシングルタスクで、仕事と恋愛を両立できない人が多い**んですよね。ちょっと仕事が忙しいと「忙しいから」という理由ですぐに音信不通になり、女性を散々放置した挙げ句に「今は仕事に集中したい」と言い出す始末。女性を待たせるだけ待たせてめでたく結婚したとしても、シングルタスク男子は仕事しかしないケースが多く、家事も育児も自分のことさえも、女性に全振りして、自分はソファでゴロゴロしてスマホをいじくっているだけ。

せめて申し訳なさそうにしていればまだ可愛げがあるのに、「俺は仕事をして稼いでる」と意味不明の高圧的な態度で自分を正当化して、女性を家政婦か母親代わりにしようとするダメ男。そのほとんどが「シングルタスク男子」なんですよ。

結婚を視野に入れるのなら、その人がマルチタスクな能力を持っているのか、シングルタスクなダメ男かはちゃんと見ておかなければならない大事なポイントです。

部屋は綺麗に片付いているのか、自炊はちゃんとできているのか、経済的な管理はできているのか、生活習慣等の自己管理はできているのか、社会人として自立できるマルチな能力は持っているのか、そして仕事と恋愛の両立はできているのか……。仕事などのひとつの特化した能力に騙されないように、生活のすべてを見てその人を見極めるようにしましょう。

仕事ができる男はいい男かもしれませんが、仕事しかできない男はダメ男ですからね。

結婚偏差値

70

問題64 ○に当てはまる文字を入れて、正しい文章にしてください。

恋愛や結婚で必要のない三つの努力。ひとつは「長続きさせる努力」、ひとつは「好きでいる努力」、そしてもうひとつは「○○○努力」。

正解は「信じる努力」でした。ひとつずつ説明していきましょう。

まずは「長続きさせる努力」。**「長続き」はただの結果であって目的ではないので努力は不要**です。それが目的になってしまうと言いたいことも言えず、愛すべきところで愛せず、ただ自分に我慢を強いることになってしまうので逆効果になります。「嫌になったら即別れてやる！」という覚悟をいつでもポケットに入れておいた方が腹が据わり、しっかりと愛し愛されることができるでしょう。

そして、次は「好きでいる努力」。「好き」という感情は自由な感情であり義務付けるものではありません。**「好きでいなければならない」と思った瞬間が恋の終わり。**好きでいるための努力を重ねれば重ねるほど自由は失われ、「好き」という感情はなくなってしまいます。とくに結婚となると安易に別れることができない関係になるので「好きでいる努力」をしてしまう人が多く、旦那様を立てて尽くすことを自分に義務付けてしまい、恋愛感情が失われてしまうことが多いんですよ。好きなときはそれなりに、ムカつくときもそれなりに、感情に自由を与えることによって何度でも好きになることができますからね。

そして最後に「信じる努力」。「信じる」ということは「期待を寄せる」という場合が多いです。**信じることを努力すればするほど相手への期待が大きくなり、その期待は相手を潰すものにもなり、そして自分自身を潰すものにもなってしまいます。**「信じる」ということは一種の呪いと同じ、そんなことはしなくてもいいんです。

大事なのは信じるかどうかではなく、許せるかどうか。自分にとって都合のいい期待を寄せるのではなく、自分にとって不都合なことが起こった場合、それを許せるかどうかが問われます。

どこまで許すことができるのか、その境界線をちゃんと自分で理解できているかどうかが最も大事なポイントなんです。その境界線がわからないと不安になり、相手に「信じる」という呪いを掛けてしまうということですね。

結婚偏差値
70

問題65 ○と△に当てはまる文字を入れて、正しい文章にしてください。

「○○と△△を分けて考える人は、○○も△△も上手くいかない」

正解は「恋愛と結婚、恋愛も結婚も」でした。恋愛をするならこんな人、結婚をするならこんな人。恋愛と結婚を別々に考えている人がいますが、そもそも恋愛と結婚の違いって何なんでしょう？

巷でよく言われている恋愛と結婚の違いは、ときめきをくれるのが恋愛で、安心をくれるのが結婚で、女を夢中にさせるのが恋愛で、女を冷静にさせるのが結婚で、二人で見つめ合うのが恋愛で、二人で同じ方向を向くのが結婚で、休日の娯楽が恋愛で、日常生活が結婚で、不安と闘うのが恋愛で、不満を許すのが結婚で、募る情熱が恋愛で、溢れる愛情が結婚で……。

他にも様々な「恋愛と結婚の違い」が謳《うた》われていたりするのですが、これってただの

「悪い恋愛と良い恋愛の違い」でしかないんですよね。

良い恋愛観を持っている人はそのままの恋愛観で結婚に行けるので、恋愛と結婚を分けて考える必要はないんです。だから結婚をしても恋愛感情を失うことなく、変わらずに愛し続けることができるということです。

「結婚を前提としたお付き合い」とよく言いますが、良い恋愛観を持っている人は、恋愛のすべてが結婚を前提としたお付き合いのようなものなので、いつも恋愛の延長線上には自然と結婚が待ち構えているのですよ。

恋愛と結婚を分けて考えている人の恋愛観は、快楽を求めるだけの悪い恋愛観。だから恋愛と結婚を分けて考えてしまうのですが、こういう人は結婚をしても外で恋愛をしてしまいます。

そもそも恋愛と結婚を分けて考えているので、結婚生活は結婚生活としてキープしておいて、恋愛は恋愛として外で快楽を得るということができてしまうんですよ。

恋愛と結婚を分けて考えるのではなく、まずは悪い恋愛観を矯正しないと、恋愛も結婚も上手くいくはずがないのにね。

結婚偏差値 70

問題66 ○に当てはまる文字を入れて、正しい文章にしてください。

「結婚するのなら、好きな人より、ゆ○○る人」

正解は「ゆるせる」人でした。男性の場合、友達が結婚をしたとして、まずは友達にこう聞きます。「奥さん、幾つの人？」。女性の場合、友達が結婚をしたとして、まずは友達にこう聞きます。「旦那さん、何してる人？」

男性は女性の年齢が気になる人が多いようで、女性は男性の仕事が気になる人が多いようで、異性のどこに価値を感じているのか、男女で違いがあって面白いですよね。

また幼稚園児の悪口も性差があって面白いです。**男児が女児の悪口を言うときは決まって「ブス」と言いますが、女児が男児の悪口を言うときは決まって「バカ」と言う**んです。

これは幼い頃から男は女の価値を容姿だと思っていて、女は男の価値を頭の良し悪しだと思っている証で、**総括すると男は若くて綺麗な女が好きだということで、女は頭が良くて**

大企業に勤めているような男が好きということになりますね。

でもこれって生殖本能の話で、人間の持つ欲求の傾向でしかないんですよ。男は健康な子孫を残すために若くて綺麗な女を好み、女は優秀な子孫を残すために頭がいい仕事のできる男を好むというだけの話。

いわばこれは単に「抱きたい人、抱かれたい人」の傾向であって、理性が絡む恋愛とはまた別のお話なんですよね。だから理性がポンコツな男性は、中身問わず若くて綺麗な女性を求め続けていつまでも彷徨《さまよ》っていますし、理性がポンコツな女性は、中身問わず高学歴高収入の男性を求めていつまでも彷徨っているものなんですよ。

欲求って際限がありませんからね、いい人を見つけたとしても「もっといい人がいるかもしれない」と、また終わりなき欲求の旅に出かけてしまうというわけです。

感情は自分のために働くものですが、理性は人のために働くものです。

つまり「愛する」とは理性でするものであって、理性が働かなければ人は愛せないんですよ。**どれだけ好きなのかではなく、どれだけゆるせるのか、それを決めるのが理性の器の大きさであり、その器の大きさが愛情の大きさになる**ということです。

結婚をするのなら好きな人よりゆるせる人にしてください。

結婚偏差値 70

問題67 ○に当てはまる文字を入れて、正しい文章にしてください。

「浮気をしているか否かは、○でわかる」

正解は「味」でした。昔は「浮気は男の甲斐性」なんて言われていた時代もあって、男性も「バレたらバレたでしょうがねえや」くらいにセキュリティが甘く、ゆえに浮気の痕跡を見つけるのも今より遥かに簡単だったんですよね。さすがにお咎めなしというわけではありませんが、イエローカードくらいの警告で済ますことが多かったようです。

でも今は浮気と言えば一発退場のレッドカードが当たり前の時代で、男性のセキュリティもガッチガチのカテナチオでなかなか尻尾を摑めなくなってしまったんですよね。「浮気の痕跡なんてスマホを見れば一発」と思うかもしれませんが、そこら辺は男性側も重々承知でスマホには人一倍気を遣っているんです。LINEやDMの隠蔽《いんぺい》工作なんてお手の物、文字に残すことを嫌い、浮気するとき電話しか使わないという強者や、嫁の知らない秘密のスマホを持っている人もいるくらい、スマホには最大限の警戒をしているようです。

昔は「匂い」で浮気がバレるケースも多かったようですが、今は抜群な性能を誇る消臭スプレーもあって、ホテルにはご丁寧に無香料のボディソープが常備されている始末ですからね。匂いで浮気を判別するのも難しいし、アリバイも友人知人と共謀して組織的なディフェンスを敷いていることも多くて、古典的なキスマークなんて絶対につけないし、憎たらしいことに奴らはほぼ完璧なんですよ。

でも、たったひとつ「えっ!?　そこ!?」という盲点があるんです。それはズバリ「味」なんですよ。**まずは旦那様が仕事から帰ってきたらお帰りなさいのキスをして、そのついでに首筋をぺろっと舐める習慣を身につけて「味」を覚えてください。**

それが習慣化してくると「今日は忙しかったんだな」とか「あれ？　体調が悪いのかな？」とか「お？　今日はご機嫌だな」とか、味でなんとなくわかるようになるんです。

基本的に塩味がするのですが、毎日微妙に味が違うんですよ。

その塩味がキーポイント。**ぺろっと舐めて基本的な塩味がしなかったら要注意、奴らはどこかでお風呂に入っています。**何気なく今日の動向を聞き出して、お風呂やシャワーというワードが出てこなかったらほぼアウトです。

結婚偏差値
71

問題68 ○に当てはまる言葉を入れて、正しい文章にしてください。

「○○のいい女は、恋愛や結婚には向かない」

正解は「察し」でした。男性が求める女性像に「気が利く女性」というのがありますよね。何も言わずともサラダを取り分けてくれる女性であったり、何も言わずともグラスが空いたらビールを注いでくれる女性であったり、何も言わずとも空いたお皿を片付けて常にテーブルを綺麗に保ってくれる女性。何も言わずとも察してくれて、痒いところにそっと手を差し伸べてくれる女性が古来より人気があったりするんです。

だから女性は我先にとイケメンにサラダを取り分けたり、すぐさまイケメンにお酌ができるように熾烈なポジション争いをしたり、イケメンがグラスを持つ瞬間にテーブルに付いた水滴を拭けるようにクラウチングスタートでスタンバイしていたりするわけです。合コンでイケメンをお持ち帰りするだけの一夜限りのお戯れならそれでもいいのですが、これが恋愛や結婚になるとめんどくさいことになってしまうんです。**気が利く女性、つまり察しのいい女性。これを恋愛や結婚で求められると、男性は言葉に責任を持たなくなります。**言葉で伝えるべきことを態度や空気という曖昧なものに込めて、女性が察してくれるのをひたすら待つというスタイル。それでも伝わらなければ足音にメッセージを込めたり、ドアを閉める音にメッセージを込めたり、次第に攻撃性の高い伝え方に変わってしまうわけです。

　気が利く女性ならなぜその人がプンスカしているのか、すぐにわかるのでしょうけども、察して先回りしてあげてしまうと、男性はなんの責任も負わずにその件は終わってしまうんです。そんなことを許しているからあいつらは「察してほしい」という甘えを繰り返すのですよ。**言葉には責任が宿るもの、口にした以上はその発言に責任を持たなければならない。**その責任感という理性で感情はコントロールされるものであり、言葉にして伝えることができないから、自分の感情さえもコントロールできなくなってしまうんですよ。だから**察することができたとしても、その人がちゃんと言葉で伝えるまで決してわかってあげないこと。**言葉にしなければ何も伝わらないということを徹底的に叩き込むためにも、恋愛や結婚においては「察しのいい気が利く女」はやめなければならないということです。

結婚偏差値
75

問題69

「浮気願望」－「〇〇〇」＝浮気度

正解は「自制心」でした！ 不倫をしてしまう人の言い訳でよくあるのが「好きになってしまったからしょうがない」。これはあたかも自制できないほどの大きな感情を抱いてしまったかのような言い訳なのですが、**実は好きだという気持ちが大きいわけではなく、自制心が小さいだけのケースが多い**んですね。

せめて人並みの自制心があれば浮気心を相殺できるのですが、自制心が小さいために浮気度が上がってしまうというわけです。

実は浮気願望というものは誰にでもあるもので、結婚をしても別の異性を好きになることはよくあることなんです。それ自体は悪いことではありません、**人を好きになることに罪はなくて、むしろそれは健全な証**なんですよ。

罪があるのは「好き」という感情と同時に生じる「好きになってほしい」という欲望の方でして、自制心を働かせるのはこの欲望の方。**人を好きになることに自制を掛けても無駄ですが、「好きになってほしい」という欲望に自制を掛けることはできる**んです。

その欲望に自制心を働かせれば、ただ好きなだけで何も求めない一方的で無害な好意を持つことができるわけですね。浮気願望はあっても自制心があればただ好きなだけで終わらせることができるってことです。

不倫特有のあのドロドロとした負の感情は欲望が暴走している感情で、好きになってほしい者同士が求め合っているものなんですね。だからあんなに醜い印象を受けるんですよ。

でも「この人が好きだ」という感情にドロドロしたものはなくて、それはテレビに出ているイケメンタレントを目をハートにして観賞しているような、完全に何も求めていない一方的な感情なんですよ。

ですので、罪悪感もなくただの娯楽として世の様々なイケメンに片想いし放題になれるってわけです。**自制心さえあれば結婚をしても健全に数多《あまた》のイケメンに恋ができるって素敵**じゃないですか。ただ、**恋は多くても愛するのはたった一人**ですけどね。

おわりに

・恋は人の目を曇らせるが、結婚は視力を戻してくれる。
・人は判断力の欠如によって結婚し、忍耐力の欠如によって離婚し、記憶力の欠如によって再婚する。
・ウエディングケーキはこの世で最も危険な食べ物である。
・女は2種類に分けられる。結婚を夢見ている独身女性と、離婚を夢見ている既婚女性である。
・夫婦が長続きする秘訣？　一緒にいる時間をなるべく少なくすることさ。

恋愛に関する名言格言はわりと情熱的なものが多いのに、結婚の名言格言になると一気にネガティブなものやブラックジョーク的なものが多くなりますよね。

これらの言葉はたぶん、女性に向けられた言葉なんじゃないかなと私は勝手に推測しています。「結婚に多大な期待はするなよ、恋愛のような情熱は一生続かないぞ」という男性からのメッセージみたいなもので、今も昔も女性の結婚願望は無条件に強い人が多かったのかなという印象です。

私には独身の友達も既婚の友達もいますが、彼女らを観察していると双方の幸福度はそれほど変わらないように思えます。

幸福の種類が違うだけで、それぞれ幸福であることに大きな違いはありません。

ただひとつ「あ、こいつヤバいな」と悪寒を覚える女性は、結婚に盲目的な願望を抱いている人、前述した結婚の名言格言を頭から被せたくなるような人です。

彼女らは結婚を「幸せになるための必須条件」だと盲信しているんですよね。

そして婚活に勤しみ、お金や時間を消費しているわけです。

それが楽しみであるのならいいのですが、なぜか悲壮感が滲み出ている始末。

それもそのはず、だってその結婚願望って、独身であることの幸福を自ら否定している願望なのですからね。

そこに労力を割けば割くほど自分が惨めになっていくという悪循環、しかも何かの間違いで上手くマッチングして結婚なんてしてしまったらもう目も当てられない。

多大な願望と現実とに挟まれて「こんなはずじゃなかった」という未来に向かって一直線ですからね。

そういう意味で言えば、今の過熱した婚活市場というものは不幸な女性を量産してしまう側面もあるのかもしれません。

婚活なんて社会科見学のテンションで楽しむくらいがちょうどいい。

今の自分の幸福は決して否定しないように、緩く可愛く美しく、適正な結婚願望を持って婚活を楽しんでください。

以上、ＤＪあおいでした！

〈著者紹介〉

DJあおい　恋愛アドバイザー。Twitterで独自の恋愛観を綴り、一般人としては異例のフォロワー約36万人(2アカウント合計)。ブログ「DJあおいのお手をはいしゃく」は月間600万PVを誇る。著名人のファンも多く、幅広い層から支持されている。著書に『ていうか、男は「好きだよ」と嘘をつき、女は「嫌い」と嘘をつくんです。』『だからね、「少し距離を置こう」は「もう別れたい」という、優しい嘘なんですよ。』(ともに幻冬舎文庫)などがある。

結婚は「だから、好き」より「だけど、好き」。
2020年11月25日　第1刷発行

GENTOSHA

著　者　DJあおい
発行人　見城 徹
編集人　菊地朱雅子
編集者　三宅花奈

発行所　株式会社 幻冬舎
〒151-0051 東京都渋谷区千駄ヶ谷4-9-7

電話:03(5411)6211(編集)
03(5411)6222(営業)
振替:00120-8-767643
印刷・製本所:株式会社 光邦

検印廃止

ISBN978-4-344-03711-3 C0095
幻冬舎ホームページアドレス　https://www.gentosha.co.jp/

この本に関するご意見・ご感想をメールでお寄せいただく場合は、comment@gentosha.co.jpまで。

Note
IMPORTANT INFORMATION
DATE
NOTE
IF THIS BOOK IS LOST
PLEASE CONTACT ME AT:
CONTACTS
NAME
PHONE
E MAI